Nur wenige Ballette verfügen über die Vitalität der Tschaikowsky-Ballette, und *Der Nussknacker* – obwohl nur um die Weihnachtszeit auf den Spielplänen – zählt zu den meist aufgeführten Balletten überhaupt. Dabei stand er während seiner Entstehung unter einem schlechten Stern: Der Intendant des Mariinski-Theaters wollte den großen Erfolg von *Dornröschen* wiederholen und schlug Peter Tschaikowsky *Nussknacker und Mausekönig* nach E. T. A. Hoffmann vor. Doch das Libretto sagte Tschaikowsky anfangs nicht zu und es kam zu zahlreichen Problemen und Verzögerungen, bis das Ballett schließlich am 18. Dezember 1892 in St. Petersburg uraufgeführt wurde.

Auf den Tag genau 107 Jahre nach der Uraufführung hat der neue *Nussknacker* an der Staatsoper Unter den Linden Premiere. Der französische Choreograph Patrice Bart zeigt in seiner Inszenierung eine besondere Sicht auf das Ballettmärchen, die um vielfältige Aspekte kreist: das Sichtbare und das Verborgene, Realität und Traum, die Kraft der Fantasie und der Liebe und die Aufhebung von Grenzen.

Der vorliegende Band möchte nicht nur als Leitfaden durch die aktuelle Inszenierung dienen, sondern auch zu einem *Apropos Nussknacker* verführen. Die Genesis des Tschaikowsky-Balletts wie auch der Inszenierungsansatz der Neuproduktion regen zu vielfältigen Assoziationen an. In Form von Essays sind die vertiefenden Gedanken der Autoren zu einem begleitenden Lesebuch zum *Nussknacker* zusammengefasst.

insel taschenbuch 2906
Peter I. Tschaikowsky
Der Nussknacker

.

# Der Nussknacker

*Ballett in zwei Akten*
*Musik von Peter Iljitsch Tschaikowsky*
*Choreographie und Inszenierung von Patrice Bart*

Herausgegeben von der
Staatsoper Unter den Linden Berlin
Insel Verlag

*Uraufführung am Mariinski-Theater St. Petersburg
am 18. Dezember 1892*

insel taschenbuch 2906
Erste Auflage 2000
Für diese Ausgabe:
© Insel Verlag Frankfurt am Main und Leipzig 2000
Alle Rechte vorbehalten, insbesondere das der Übersetzung,
des öffentlichen Vortrags sowie der Übertragung durch
Rundfunk und Fernsehen, auch einzelner Teile.
Kein Teil des Werkes darf in irgendeiner Form
(durch Fotografie, Mikrofilm oder andere Verfahren)
ohne schriftliche Genehmigung des Verlages reproduziert
oder unter Verwendung elektronischer Systeme verarbeitet,
vervielfältigt oder verbreitet werden.
Vertrieb durch den Suhrkamp Taschenbuch Verlag
Druck: Konkordia, Bühl
Printed in Germany

1  2  3  4  5  6  –  05  04  03  02  01  00

# Inhalt

*Peter Iljitsch Tschaikowsky, 1893*

# Apropos »Der Nussknacker«

Von Christiane Theobald

*Berlin, Staatsoper Unter den Linden*
*gegeben den 18. Dezember 1999*

Auf den Tag genau vor 107 Jahren wurde Peter I. Tschaikowskys Ballett *Der Nussknacker*, das heute zu den meistaufgeführten Balletten zählt, mit der einaktigen Oper *Jolanthe* in St. Petersburg uraufgeführt. Es sollte das letzte Bühnenwerk aus der Feder Tschaikowskys bleiben, denn im Verlauf des Jahres 1893 starb der Komponist.

*Der Nussknacker* entstand in einer schwierigen Lebensphase. Tschaikowsky war 51 Jahre alt, als er vom Kaiserlichen Theater den Auftrag für *Jolanthe* und das Märchenballett erhielt. Es war für Tschaikowsky eine Zeit voller Lebenskonflikte und Traumata. Da tröstete die Mitgliedschaft in der Académie Française ebenso wenig wie die Entdeckung eines neu entwickelten Instrumentes, das sich hervorragend im *Nussknacker* verwenden ließ: die Celesta.

Das Libretto des *Nussknackers* basierte auf der fantastischen Erzählung *Nussknacker und Mausekönig* von E. T. A. Hoffmann in der französischen Fassung von Alexandre Dumas d. Ä. Die Handlung des ersten Aktes spielte am Weihnachtsabend der Familie des Medizinalrats Stahlbaum und im folgenden Akt im Traumland »Konfitürenburg«. Der realen Welt des ersten Aktes folgte die Fantasiewelt des zweiten Aktes, in die die weibliche Protagonistin, Marie, eintauchte, aus der sie aber nicht zurückkehrte. Und dies warfen die Kritiker nach der Uraufführung dem Produktionsteam des Balletts vor – ein Kritikpunkt, wie er vor mehr als hundert Jahren formuliert wurde. Trotzdem hat es der Beliebtheit dieses Balletts keinen Abbruch getan.

Die Inszenierung der Ballett-Feerie 1999 setzt behutsam andere Akzente. Patrice Bart choreographiert und inszeniert mit dem *Nussknacker* nach dem erfolgreichen *Schwanensee* (1997) erneut ein Tschaikowsky-Ballett für die Staatsoper Unter den Linden. Wieder entwirft die italienische Designerin Luisa Spinatelli das Bühnenbild und die Kostüme. Daniel Barenboim, Generalmusikdirektor und künstlerischer Leiter des Hauses, übernimmt es selbst, das Ballett musikalisch zu leiten.

Die neue Produktion zeigt eine klassische Version des Balletts, sodass jeder Zuschauer das traditionelle *Nussknacker*-Ballett wiedererkennt; und doch ergeben sich mit Barts Auffassung besondere Blickwinkel und Ansichten, die den *Nussknacker* der Staatsoper unverwechselbar machen. Die Veränderungen werden im Folgenden wie in einem Glossar benannt:

*Prolog* · Die Inszenierung von Patrice Bart stellt dem Weihnachtsabend der Familie Stahlbaum einen Prolog voran, in dem die Herkunft der Hauptfigur, Marie, erklärt wird. Marie ist in der Inszenierung der Staatsoper kein leibliches Kind der Familie Stahlbaum, sondern die Tochter eines Großherzogs und einer Großherzogin. Der Prolog zeigt einen Überfall von Kosaken, in dessen Verlauf der Großherzog zu Tode kommt und das zweijährige Mädchen Marie entführt wird. Marie besitzt eine Puppe, die sie fest an sich klammert: einen Nussknacker in der Uniform ihres Vaters.

*Marie – Luise – Fritz*: *Die Kinder der Familie Stahlbaum*
Vierzehn Jahre nach den Ereignissen des Prologs beginnt
der erste Akt mit dem bekannten Weihnachtsabend in der
Familie des Medizinalrats Stahlbaum. Statt der üblichen
zwei Kinder Fritz und Marie (manchmal auch Klara genannt) sieht die Fassung an der Staatsoper drei Kinder
vor: Fritz und Luise, die leiblichen Kinder, sowie Marie,
das Adoptivkind.

Diese Personenkonstellation ermöglicht nicht nur den
einen oder anderen Pas de trois der Geschwister, sondern
gibt die Möglichkeit, bestehende Spannungen zwischen
den Kindern zu zeigen. Marie beteiligt sich nur selten an
gemeinsamen Unternehmungen, steht zumeist außerhalb.
Das junge Mädchen ist »depersonalisiert«, denn es hat
durch die schrecklichen Ereignisse, wie sie im Prolog ge-
schildert wurden, seine Identität verloren. Den Grund
kennt nur der Zuschauer. Marie selbst erinnert sich nicht;
sie ist traumatisiert. Umso wichtiger ist für sie der Nussknacker, eine Puppe aus frühen Kindertagen, ohne die sie
nicht sein kann; denn diese Figur stellt unbewusst die Verbindung zu ihrer wahren Identität und leiblichen Familie
dar.

*Drosselmeier* · Die Figur des Drosselmeier, ein Astronom,
wird in der Fassung von Patrice Bart besonders ausge-
leuchtet. Drosselmeier war seinerzeit Zeuge des Überfalls.
Diese Figur ist der »playmaker« des Balletts, er zieht die
Fäden und treibt die Handlung voran. Er ist ein Mann, der
mehr weiß als die anderen, dem es möglich ist, durch die
Zeit zu reisen, er ist der Verbindungsmann zwischen der
bürgerlichen und der aristokratischen Welt. Aufgrund
seiner seherischen Fähigkeiten weiß Drosselmeier, wo

Maries leibliche Mutter lebt. Er beschließt, das junge Mädchen zu ihr zurück zu führen. Monokel, Mikroskop, Uhr und Kaleidoskop sind die Attribute dieser Figur, der E. T. A. Hoffmann offensichtlich autobiographische Züge verlieh und zu der auch Tschaikowsky die größte Wesens-

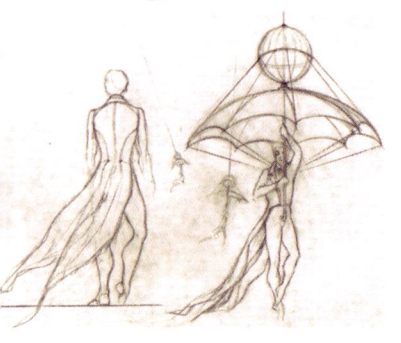

verwandtschaft fühlte. Aus diesen Erkenntnissen entwickelt sich die Person des Drosselmeier zum Protagonisten des *Nussknacker*-Balletts 1999, der auch im zweiten Akt noch von Bedeutung ist.

*Mäuse – Zinnsoldaten* · Der berühmte Mäusekönig und sein Mäuseheer, die Marie in ihrem Albtraum Pein bereiten, sind in der Version an der Staatsoper Unter den Linden durch Zinnsoldaten ersetzt.

Unablässig wird Marie von ihren Stiefgeschwistern bedrängt, sich am gemeinsamen Spiel zu beteiligen. So auch an dem bewussten Weihnachtsabend. Doch Marie hat keine Freude an solchen Unterhaltungen, sie bleibt nach wie vor abseits. Als es Fritz zu weit treibt, zerstört sie in ihrer Verzweiflung und Wut dessen Zinnsoldaten. Der Weihnachtsabend endet mit diesem Gefühlsausbruch Maries. Der Anblick uniformierter Soldaten löst in Marie unbewusst ambivalente Gefühle aus.

Als alle bereits im Bett sind, schleicht sich Marie nochmals in das Wohnzimmer, um ihren heißgeliebten Nussknacker zu holen, den sie während des Streits dort vergessen hat. Ihn in den Armen haltend, wird sie vom Schlaf übermannt, doch Albträume bedrängen das Mädchen. Ausgelöst durch ihr schlechtes Gewissen, das Weihnachtsgeschenk Fritz', die Zinnsoldaten, kaputtgemacht zu haben, erscheinen ihr im Traum zwei Bataillone Zinnsoldaten. Eine Garde trägt die Uniform ihres Nussknackers und somit auch die des Vaters, die andere nimmt die Gestalt ihrer Entführer an.

*Vater – Nussknacker – Zinnsoldaten – Prinz* · Maries leiblicher Vater, der Großherzog, ist bei dem Überfall der Kosaken ums Leben gekommen. Er war zu diesem Zeitpunkt mit der Uniform seiner Garde bekleidet. Maries Puppe, der Nussknacker, das einzige Relikt ihrer wahren Identität, trägt eine identische Uniform. Und auch ein Bataillon der Zinnsoldaten, das Fritz am Weihnachtsabend als Geschenk von Drosselmeier erhält, ist in den Farben der großherzoglichen Garde bemalt. Daher ist es folgerichtig, dass auch der geträumte Nussknackerprinz in dieser Uniform erscheint.

*Der Weg* · Das Leben der Familie des Medizinalrats Stahlbaum, in das der Zuschauer am Weihnachtsabend Einblick erhält, ist in unserer Fassung nur eine Durchgangsstation für Marie. Der Weg führt von hier in das Land der Großherzogin, Maries Mutter. Es ist wiederum Drosselmeier, der den Weg dorthin kennt und der Marie in einer Montgolfiere über eine schneebedeckte Landschaft geleitet. Erst im zweiten Akt kehrt Marie wirklich heim. Im Land aus Eis findet sie ihre Mutter und ihre wahre Identität wieder.

*Schneeflocken (boules de neige) – Montgolfiere – Mono-kel* · In der *Nussknacker*-Fassung der Staatsoper Unter den Linden trägt der Astronom Drosselmeier keine Augenklappe, sondern ein Monokel. Die runde Form des Monokels wiederholt sich in den Schneeflocken, französisch: »boules de neige«, also Schneekugeln, sowie in den Weihnachtsbaumkugeln und auch in der Montgolfiere. Ebenso wie ein Monokel können die Weihnachtsbaumkugeln die Sicht auf die Dinge vergrößern, aber auch verzerren.

*Schneekönigin* · Patrice Bart hat im zweiten Bild des ersten Aktes eine Schneekönigin eingeführt. Sie ist die Herrscherin über die Schneeflocken und tritt mit männlichen Begleitern auf. Schneeflocken erscheinen, durch ein Mikroskop betrachtet, wie Juwelen, sodass der Gedanke an eine Königin, eine Schnee-Königin nahe liegt. Bereits 1936 hatten die Ballets de Monte Carlo eine solche Figur erstmalig im *Nussknacker* eingesetzt.

*Konfitürenburg – Fantasialand – Eisplanet* · Der zweite Akt des Balletts spielt üblicherweise in »Konfitürenburg«, das Marie mit ihrem Nussknackerprinzen gemeinsam besucht. Es ist ein Reich der Süßigkeiten. In der Inszenierung von 1999 ist dieses Fantasialand zu einem Reich aus Eis geworden, in dem die Großherzogin, also Maries Mutter, lebt. Der zweite Akt beginnt mit einem großen Solo der Großherzogin. Musikalisch wird für diese Variation die Nr. 8 aus dem ersten Akt wiederholt. Die Verbindung von der Welt der Stahlbaums zum Reich auf dem Eisplaneten stellt die Reise durch die Schneeflocken dar. Der Schnee ist das Medium. Als Drosselmeier mit Marie in diesem Land ankommt, ist die Großherzogin über die Rückkehr ihrer totgeglaubten Tochter überglücklich und verleiht ihrer Freude und Dankbarkeit in einem Pas de deux mit Drosselmeier Ausdruck, dem ein Solo Drosselmeiers folgt. (An dieser Stelle beginnt traditionellerweise der zweite Akt.) Um auch andere an ihrem Glück teilhaben zu lassen, veranstaltet die Großherzogin einen Ball, der unter dem Motto »Blumen« steht. Neben Freunden und Verwandten sind auch die Botschafter folgender Länder geladen: Russland, China, Arabien, Frankreich. Auch der Prinz ist zu Gast, den die Großherzogin mit ihrer Tochter Marie vermählen möchte. Zwischen den Divertissements der einzelnen Länder und dem Blumenwalzer erscheint der Prinz zu einer interpolierten Musik aus dem Anhang der *Nussknacker*-Partitur: einer Gigue. Marie und der Prinz tanzen einen Grand pas de deux. Das rauschende Fest endet in einer Apotheose – doch das letzte Wort hat Drosselmeier…

Die Frage, warum Marie aus dem Fantasialand »Konfitürenburg« nicht mehr in die bürgerliche Welt der Familie Stahlbaum zurückfindet, wie sie nach der Uraufführung 1892 gestellt wurde, hat sich 1999 erübrigt.

So weit das *Who's who* zu Patrice Barts *Nussknacker*.

Der vorliegende Band möchte nicht nur als Leitfaden durch die aktuelle Inszenierung dienen, sondern auch zu einem *Apropos Nussknacker* verführen. Die Genesis des Tschaikowsky-Balletts wie auch der Inszenierungsansatz der Neuproduktion regen zu vielfältigen Assoziationen an. Wie durch ein Kaleidoskop rufen die Blickwinkel des Choreographen Fragestellungen hervor, wie z. B. die nach traumatisierten Kindern oder auch die nach Eiskristallen.

In Form von Essays sind die vertiefenden Gedanken der Autoren zu einem begleitenden Lesebuch zum *Nussknacker* zusammengefasst. Die psychologischen Tiefen und Untiefen des *Nussknackers* werden in der Fassung von Patrice Bart noch verschärft. Anlass genug, den Psychologen Tilmann Moser um einen Beitrag über *traumatisierte Kinder* sowie den *Erlösungsgedanken durch die Liebe zu einem Prinzen* zu bitten.

Eine Kulturgeschichte des Nussknackers als Gegenstand darf ebenso wenig fehlen. Was also lag näher, als

Manfred Bachmann zu überzeugen, sein immenses Wissen in eine überschaubare Form zu kleiden: *Der Nussknacker als Figur. Ein Traditionsmotiv in der deutschen Volkskunst.*

Die Schneeflocken sind im *Nussknacker* unverzichtbar, daher hat sich Carsten Niemann in seinem Beitrag über *das schöne Nichts* mit der Gestalt und Bedeutung der Eiskristalle beschäftigt. Eine ebenso interessante Frage ist die nach dem Ort »Konfitürenburg«. Handelt es sich vielleicht um ein Disneyland? Annegret Gertz hat darüber nachgedacht. *Der Schlaf der Vernunft* nennt Axel Witte sein erzähltes Gemälde und entführt den Leser in die Welt des Unheimlichen. Der *Entwicklungsgeschichte des Nussknacker-Balletts* geht Adi Luick in seinem umfassenden Beitrag nach, und Jan Böcker stellt die musikalischen Inhalte in das Zentrum seines Artikels ... *die gänzliche Unmöglichkeit, die Zuckermandel-Feerie in Tönen zu malen.*

# Handlung

*Prolog* · Die Familie der Großherzogin wird von Revolutionären angegriffen. Ihr Mann wird hierbei getötet und ihre kleine Tochter, Marie, entführt. Zurück bleibt nur ihr Spielzeug, ein Nussknacker in den Regimentsfarben ihres Vaters. Zeuge des Geschehens ist Drosselmeier, ein Astronom, dessen Monokel ihm eine vergrößerte, tiefere Sicht auf die Dinge ermöglicht, der alles weiß. Die den Menschen auferlegten Grenzen von Zeit und Raum bilden für ihn kein Hindernis.

*Erster Akt* · *Vierzehn Jahre sind vergangen; Marie ist nun etwa 17 Jahre alt. Ort der Handlung: das Weihnachtszimmer der Familie Stahlbaum.*

Zahlreiche Verwandte und Gäste verbringen den Weihnachtsabend bei der Familie des Medizinalrats Dr. Stahlbaum.

Zusammen mit ihren Stiefgeschwistern Fritz und Luise lebt Marie als Adoptivkind bei den Stahlbaums. Trotz aller Bemühungen der Eltern und Geschwister, sie in das Familienleben einzubeziehen, steht sie immer abseits: Marie mag an der sie umgebenden Welt nicht teilnehmen; sie fühlt sich fremd.

Auch Drosselmeier ist Gast am Weihnachtsabend. Er bringt den Kindern Geschenke: Fritz erhält zwei Bataillone Zinnsoldaten. Eines trägt die Uniform von Maries leiblichem Vater, des Großherzogs. Luise erhält eine Puppe. Drosselmeier überreicht Marie ihren Nussknacker, den sie von nun an nicht mehr aus der Hand geben will. Unbewusst stellt er für Marie die einzige Verbindung zu ihrem eigentlichen Leben, ihrer eigentlichen Herkunft dar.

Die Kinder wollen mit Marie ein Spiel mit dem Nussknacker und den Zinnsoldaten beginnen. Es kommt zum Streit. Marie fühlt sich bedrängt, wirft die Schachtel mit den Zinnsoldaten hin und macht sie kaputt.

Der Weihnachtsabend ist beendet. Marie kehrt alleine ins Wohnzimmer zurück, um ihren Nussknacker zu holen, den sie nach dem Streit dort liegen gelassen hatte. Völlig erschöpft von dem aufregenden Abend schläft sie mit dem Nussknacker in ihren Armen auf dem Stuhl im Wohnzimmer ein.

Während des Schlafs ist Marie von Albträumen geplagt: Die Zinnsoldaten, die sie zerbrochen hat, werden im Traum lebendig. Die beiden Bataillone greifen sich an. Die Soldaten, die gegen das Regiment in den Farben des Großherzogs kämpfen, nehmen die Gestalt von Maries Entführern an. Marie wirft in großer Angst mit dem Nussknacker nach den Zinnsoldaten. Die Schlacht ist zu Ende. Der zerbrochene Nussknacker hat sich in einen Prinzen verwandelt. Drosselmeier führt Marie und den Prinzen in einem Pas de trois zueinander.

Marie erwacht in den Armen Drosselmeiers. Drosselmeier hat beschlossen, sie zu ihrer leiblichen Mutter, der Großherzogin, zurückzubringen.

Beide reisen in einer Montgolfiere durch die Luft in das Land der Großherzogin. Der Schneeflockenwalzer begleitet den Weg durch den Schnee, das Herrschaftsgebiet der Schneekönigin.

*Zweiter Akt* · *Das Reich der Großherzogin. Ein Land aus Eis. Palais de cristal.*

Die Großherzogin kann auch nach all der Zeit den Verlust ihrer Tochter nicht überwinden. Nach langer Reise haben Drosselmeier und Marie das Land der Großherzogin erreicht. In einem Pas de deux mit Drosselmeier drückt die Großherzogin ihre Dankbarkeit und Freude aus. Glücklich über die Rückkehr ihrer Tochter, richtet sie einen Ball aus, der unter dem Motto der »Blumen« steht. Drosselmeier weist in einem Solo noch einmal auf seine Fähigkeit hin, auf die Dinge Einfluss zu nehmen. Botschafter aus verschiedenen Nationen kommen zum Fest; ihre jeweiligen Länder stellen sich mit einem Charaktertanz vor. Der Ehrengast des Balles erscheint in der Uniform des Regiments des Großherzogs und somit auch des Nussknackers. Es ist der Prinz, den die Großherzogin mit ihrer Tochter verheiraten möchte.

Zur Feier ihrer Verlobung tanzen Marie und der Prinz einen Grand pas de deux.

Drosselmeier sieht seine Mission erfüllt und entschwindet aus der Szene.

# Die Entwicklungsgeschichte des »Nussknacker«-Balletts

Von Adi Luick

Das Ballett *Der Nussknacker* kam am 6./18. (julianisch/gregorianisch) Dezember 1892 am Mariinski-Theater in St. Petersburg zu seiner Uraufführung. Das Theater verfügte über eine Ballettcompagnie mit einem für diese Zeit hervorragenden tänzerischen Standard. An ihrer Spitze stand ein Ballettmeister, dessen Name heute für das russische Ballett dieser Epoche steht: Marius Petipa (1818 bis

1910). Ein wichtiger Faktor in der Entwicklungsgeschichte des Petersburger Balletts findet sich in der Person des Theaterdirektors Iwan Alexandrowitsch Wsewoloschki (1835-1909). Sein Interesse galt neben der Oper in ganz besonderem Maße dem Ballett, für das er großes künstlerisches Verständnis und Einfühlungsvermögen besaß. Er war ein Mann mit Bildung, der für die Kunst lebte. Ein besonderes Anliegen war ihm die Aufführung der Bühnenwerke des Komponisten Peter I. Tschaikowsky (1840-1893), welcher wiederum von Wsewoloschkis Persönlichkeit sehr angetan war.

Diese drei Künstler hatten in enger Zusammenarbeit im Januar 1890 das Ballett *Dornröschen* herausgebracht. Man wollte diesen Erfolg fortsetzen. Bereits im März war geplant, dass ein weiteres Ballett folgen sollte. Weihnachten 1890 erwähnte Tschaikowsky dann in einem Brief, dass Wsewoloschki von ihm eine einaktige Oper und ein zweiaktiges Ballett wünschte. Doch der Komponist fand keine rechte Freude an dem Auftrag. Für die Oper *Jolanthe* hatte er den Stoff selbst bestimmt, doch lag ihm noch kein Libretto vor, und das Sujet des *Nussknackers* sagte ihm nicht besonders zu. Eine Verstimmung gegenüber der Theaterleitung tat ein Übriges. Wsewoloschki

wusste mit dem Komponisten umzugehen und im Februar 1891 schrieb Tschaikowsky an seinen Bruder Modest, dass er mit aller Kraft arbeite und damit beginne, sich mit dem Inhalt des Balletts vertraut zu machen. Bis zum Beginn einer Tournee, die ihn als Dirigenten nach Paris und Amerika führen sollte, wollte er den ersten Akt des Balletts fertiggestellt haben. Tatsächlich hatte Tschaikowsky bis Anfang März die Musik der ersten sechs Nummern der ersten Szene und den Schneeflockenwalzer komponiert.

In der Zwischenzeit kam es zu Meinungsverschiedenheiten zwischen Wsewoloschki und Marius Petipa. Letzterer wollte in den ersten Akt diverse Soli und Variationen einfügen, die Wsewoloschki für das Publikum als langweilig empfand. Tschaikowsky griff vermittelnd ein, indem er auf die Arbeitsüberlastung des Choreographen hinwies, die Petipa ihm gegenüber beklagt hatte.

Auf seiner Fahrt nach Berlin, sodann in Paris und Rouen arbeitete Tschaikowsky an der Komposition weiter. Mit den Ergebnissen aber war er weniger zufrieden. Er glaubte nicht mehr daran, die Komposition der *Jolanthe* und des *Nussknackers* rechtzeitig abschließen zu kön-

nen. Deshalb bat er Wsewoloschki in einem Brief aus Rouen, die beiden Werke erst für die Saison 1892/93 zu planen. Zusätzlich zu seiner allgemein schlechten seelischen und moralischen Verfassung erfuhr Tschaikowsky am Tag nach diesem Brief aus einer russischen Zeitung vom Tod seiner Schwester Alexandra Dawidowa.

*Iwan Wsewoloschki*

Obwohl die Dekorationen für das *Nussknacker*-Ballett bereits bestellt waren, bewies Wsewoloschki Weitsicht, indem er der Bitte Tschaikowskys entsprach. Zurück von seiner Tournee, überwand der Komponist sein Unbehagen dem Ballett gegenüber und stellte es fertig. Während er seine Ballettkomposition letztendlich exzellent fand, beurteilte er seine Oper als nichts Besonderes.

Wsewoloschki war sich bewusst, dass er Tschaikowsky um diese Ballettmusik gebeten und dieser nur aus Gutmütigkeit zugestimmt hatte. Die Aufführung des *Nussknackers* wollte er vermutlich nur deshalb unbedingt durchsetzen, weil er den Stoff selbst vorgeschlagen und das Libretto verfasst hatte. Er hielt sich dabei an E. T. A. Hoffmanns Geschichte vom *Nussknacker und Mausekönig*. Die Handlung des Balletts ist sehr frei nach der hoffmannschen Vorlage gestaltet. Sie lässt viele dramatisch wichtige Punkte der Erzählung unberücksichtigt und fügt neue, wie die Reise durch den Schneesturm, hinzu. Die beiden Akte des Librettos unterscheiden sich schon in ihrer Disposition: Der erste Akt ist stark handlungsbetont, der zweite ein reines Divertissement. Die Handlung erfährt keinen dramatischen Fortgang. Diese Gegenüberstellung von handlungsarmem und handlungsreichem Akt liegt in der Tradition. Auffällig ist jedoch, dass es kaum Tänze für die Hauptdarsteller gibt. Das ganze Ballett enthält nur einen großen klassischen Pas de deux. Petipa kritisierte den Mangel an tänzerischen Möglichkeiten für seine Solisten besonders im ersten Akt und verlangte von Wsewoloschki, wie oben bereits erwähnt, diverse Soli darin unterzubringen, was schließlich wieder verworfen wurde. Ferner kam es zu einem großen Bruch mit der Tradition, indem die Rollen der Hauptcharaktere – Klara, Fritz und Nussknacker – mit Schülern der Theaterschule besetzt wurden. Ebenfalls nicht ausgeführt wurde der Wunsch des Ballettmeisters Petipa, im ersten Akt ein Ballettdivertissement mit sechs Nationaltänzen für Kinder einzufügen – Einlagen mit Kindern erfreuten sich sehr großer Beliebtheit. Petipas Anteile an der Konzeption des Librettos scheinen sich auf die

Lew Iwanow

Instruktionen für den Komponisten und die Abfolge der Tänze zu beschränken. Eine Zusammenarbeit mit dem Komponisten, wie sie für das Ballett *Dornröschen* zwischen Petipa und Tschaikowsky zustande gekommen war, hatte sich ebenfalls nicht ergeben. Somit kam es zwischen Musik und Tanz nicht zu dieser vollkommenen Übereinstimmung wie bei *Dornröschen*.

Als Marius Petipa im August 1892 erkrankte, waren

das Szenario, die Musik und die choreographische Disposition bereits festgelegt. Nun fiel Lew Iwanow die Aufgabe zu, das Ballett unter diesen Vorgaben auf die

Bühne zu bringen. Ob der Grund für Petipas Erkrankung darin zu suchen ist, dass er nicht an dieses Ballett glaubte, bleibt Vermutung. Jedenfalls erschließt sich aus Presseberichten, dass er weiterhin mit Ratschlägen und Anweisungen an der Einstudierung mitwirkte. Es ist fraglich, ob der Name Iwanow für die gesamte Produktion und alle Tänze des Balletts wirklich allein stehen kann. Das Titelblatt des Librettos sowie Petipas Memoiren nennen Iwanow als den für die Tänze und Petipa als den für das Programm des Balletts Verantwortlichen. Doch scheinen überlieferte Dokumente und die damaligen organisatorischen Gegebenheiten zu beweisen, dass Petipa vor seiner Erkrankung den ersten Akt bereits fertig gestellt hatte.

Bei der Uraufführung tanzten Stanislawa Belinskaja die Klara, Wasili Stukolkin deren Bruder Fritz und Sergej Legat den Nussknacker. Ihnen gegenüber stand der Charaktertänzer Timofei Stukolkin, der den Drosselmeier gab. Die großen tänzerischen Partien erhielten die Ballerina Antonietta Dell'Era (Zuckerfee), die von der Berliner Hofoper an das Mariinski-Theater gekommen war, und Pavel Gerdt (Prinz).

Für Tschaikowsky war die Aufführung des *Nussknackers* ein großer Erfolg. Seine Komposition fand unter der musikalischen Leitung des Dirigenten und Ballettkomponisten Riccardo Drigo große Zustimmung, auch bei der Kritik. Sie lobte die fantasievolle Musik und die kindgerechte Atmosphäre – wenn sie auch vereinzelt als untänzerisch bezeichnet wurde. Tschaikowsky und Iwanow wurden vor den Vorhang gerufen. Doch das Urteil über das Ballett selbst war überwiegend ablehnend. Die Kritik bezog sich zumeist auf das Libretto. Iwanows Choreographie wurde dabei differenziert aufgenommen. Mit dem Schneeflockenwalzer errang er einen enormen Erfolg, während ihm die Kampfszene zwischen den Mäusen und den Soldaten im ersten Akt offensichtlich misslungen war. Zudem endete sie in einem Chaos. Der Grund dafür lag wohl in dem Umstand, dass ein Teil der diese Rollen tanzenden Kinder von der Regimentsschule stammte, denen es im Vergleich zu den Theaterschülern an jeglicher Bühnenerfahrung mangelte. Liest man die überlieferten Re-

zensionen, schien das Ballett seine Zuschauer irritiert zu haben. Die Kritiker widersprachen sich und schrieben teils widersinnige Kommentare.

Trotz aller Kritik wurde der *Nussknacker* bis zum Ende der Frühlingssaison noch achtzehnmal gegeben. Es folgten fünf weitere Vorstellungen in der Saison 1893/94.

Zwischen Oktober 1895 und April 1900 wurde das Ballett, mit einer Ausnahme im Februar 1897, nicht aufgeführt. 25 Vorstellungen gab es zwischen April 1900 und Dezember 1905, bei denen im Pas de deux die erfolgreiche

Olga Preobrajenska (1870-1962) die Ballerinenrolle tanzte. 1908 wurde der *Nussknacker* in Prag in einer bearbeiteten Fassung einstudiert. 1909 nahm ihn Nicholas Sergejew (1876-1951) neu auf. Die nächste Einstudierung durch Alexander Schirjajew (1867-1941) und Fedor Lopuchow (1886-1973) fand am Mariinski-Theater 1923 statt. Die Choreographie war zu dieser Zeit bereits nicht mehr vollständig bekannt. Moskau erhielt seinen ersten *Nussknacker* im Jahre 1922, obwohl er bereits 1913

*Marius Petipa*

dort aufgeführt werden sollte. Der anfängliche Misserfolg tat diesem Ballett jedoch keinen Abbruch. Inzwischen gehört der *Nussknacker* zu den beliebtesten Stoffen der Ballettliteratur. Sein Sujet, die dramatische Disposition und die Musik Tschaikowskys fordern zu einer ständig neuen Auseinandersetzung mit diesem Werk heraus.

Marius Petipa, *Meister des klassischen Balletts. Selbstzeugnisse – Dokumente – Erinnerungen*, hrsg. v. Eberhard Rebling, Berlin 1975.
Roland John Wiley, *Tchaikovsky's Ballets*, Oxford 1985, und *The Life and Ballets of Lev Ivanov. Choreographer of »The Nutcracker« and »Swan Lake«*, Oxford 1997.

# »... die gänzliche Unmöglichkeit, die Zuckermandel-Feerie in Tönen zu malen.«

Zu Peter Tschaikowskys Ballett
»Der Nussknacker« op. 71
Von Jan Böcker

In Le Havre auf das Ablegen des Schiffes am 18. April 1891 wartend, das ihn nach New York zu seiner Amerika-Konzertreise bringen sollte, beklagte Peter Tschaikowsky in einem Brief an seinen Neffen Bobik Dawidow die »Unmöglichkeit«, die fantastischen Szenen aus Marius Petipas Tanzprogramm zum *Nussknacker*-Ballett in Musik zu setzen. Seit Februar arbeitete er daran. In der Vertonung einer solchen »Zuckermandel-Feerie«, der »Konfitürenburg« im zweiten Akt, würden wohl alle musikalischen Mittel allein für die illustrative Wirkung aufgewendet werden müssen. E. T. A. Hoffmanns novellenhafte Märchenvorlage wies dagegen so viel an hintergründiger Vielschichtigkeit auf. Einundfünfzigjährig, fürchtete Tschaikowsky bereits das Nachlassen seiner Erfindungskraft. »Wenn ich die Überzeugung gewinnen sollte, dass ich auf meinen musikalischen Tisch nur ›Aufgewärmtes‹ hinsetzen kann, so werde ich mit dem Komponieren aufhören«, erfuhr Bobik weiter, und: »Das Ballett ist unendlich schlechter als Dornröschen – das steht fest.« Petipa hatte Tschaikowsky ein bis auf die Taktlängen der einzelnen Nummern detailliert ausgearbeitetes Gerüst vorgegeben, das in der Tat zunächst den Eindruck eines einengenden Korsetts machen konnte. Aber der Zwang zur Einschränkung sollte Tschaikowsky schließlich sogar beflügeln; er ging genau auf die Wünsche des Choreographen ein – oder fühlte sich zuweilen auch zu anderen Lösungen herausgefordert. Mit der *Nussknacker*-Musik schuf Tschaikowsky eines seiner erfolgreichsten Werke.

Noch etwas anderes mag sich auf die Komposition niedergeschlagen haben; die Möglichkeit zur Selbstidentifikation spielt eine wesentliche Rolle in Tschaikowskys Schaffensprozess: Auf der Durchreise in Paris hatte er aus einer Petersburger Zeitung erfahren, dass seine Schwester Alexandra, im Familienkreis Sascha genannt, gestorben war. Zu Sascha und ihrem Mann Lwow Dawidow bestand ein besonders enges Verhältnis. Vor allem liebte Tschaikowsky die Kinder Tatjana (Tanja, die schon 1887 gestorben war) und Wladimir (Bobik). An seine häufigen

Besuche des idyllischen Landgutes von Kamenka erinnert, auf dem die Dawidows lebten, stand Tschaikowsky nun das Szenario des *Nussknackers* vor Augen; dies war seine Familie Silberhaus: Lwow war der Präsident, Sascha verkörperte Frau Silberhaus (und die Zuckerfee), Tanja war Klara, Bobik stellte Fritz dar.*

In Paris hatte Tschaikowsky außerdem einen ganzen

---

* Die Namensgebung und die erläuternden Angaben zur Handlung in diesem Text beziehen sich auf das originale *Nussknacker*-Programm von Petipa. Hier findet der Weihnachtsabend in der Familie des Präsidenten Silberhaus und seiner Frau statt. Die Kinder heißen Klara und Fritz.

Vorrat an Kinderinstrumenten eingekauft, die er zur Ergänzung der ohnehin großen Orchesterbesetzung als Bühnenmusik einsetzen wollte: Trompeten, Trommeln, Kuckucksflöte, Wachtel, Becken und Ratsche. Die Kindersinfonien Haydns und Bernhard Rombergs, zeitweiliger Berliner Hofkapellmeister (1767-1841; *Symphonie burlesque* op. 62), hatten ihn hierzu angeregt. Noch wichtiger aber war der Fund eines anderen Instruments: »Ich habe in Paris ein neues Orchesterinstrument entdeckt«, schrieb Tschaikowsky seinem Verleger Peter Jurgenson, »ein Mittelding zwischen

einem kleinen Klavier und einem Glockenspiel, mit einem göttlich schönen Klang. Dieses Instrument will ich in dem sinfonischen Poem ›Der Wojewode‹ und im Ballett anwenden. [...] Das Instrument heißt ›Celesta Mustel‹ und kostet 1200 Frcs. Man kann es nur in Paris beim Erfinder Mustel kaufen. Ich möchte Dich bitten, dieses Instrument kommen zu lassen. [...] Es darf aber dort [in Petersburg] Niemandem gezeigt werden; ich fürchte nämlich, Rimski-Korsakow und Glasunow könnten die Sache wittern und den ungewöhnlichen Effekt vor mir aufbringen. Ich erwarte eine kolossale Wirkung von diesem neuen Instrument.« Die Celesta war für den Auftritt der märchenhaften Zuckerfee vorgesehen.

Tschaikowsky arbeitete nach seiner Rückkehr aus Amerika im Sommer weiter an dem Werk und während des gesamten Jahres 1891. Die prägnantesten Nummern, »Ouverture«, »Marche«, »Danse de la Fée-Dragée«,

»Trépac«, »Danse arabe« und »chinoise«, »Danse des mirlitons« und »Valse des fleurs« wählte er aus dem fertig skizzierten Ballett für die *Nussknacker-Suite* aus, die zuerst, am 19. März 1892, ihre Petersburger Uraufführung erlebte. Wenig später, am 4. April, lag die Partitur des vollständigen Balletts vor.

Gemeinsam mit Tschaikowskys gleichzeitig entstandenem Operneinakter *Jolanthe* hatte der *Nussknacker* am 18. Dezember 1892 im St. Petersburger Mariinski-Theater Premiere. Der an der Pariser Oper entwickelten Praxis folgend, einem Ballett als Prolog eine kurze, in ihrem Ausdrucksgehalt kontrastierende Oper gegenüberzustellen, hatte der Direktor der Kaiserlichen Theater, Iwan Wsewoloschki, beide Werke bei Tschaikowsky in Auftrag gegeben. Ist der *Nussknacker* eher kapriziösen Charakters, so erzählt *Jolanthe*, Tschaikowskys letzte Oper nach dem Stück *König Renés Tochter* des dänischen Dichters Henrik Hertz, die anrührende romantische Geschichte eben jener blinden Prinzessin, die im Ritter Vaudemont ihren Erlöser findet. Der »Drang zum Licht« ist die Grundidee der Oper. Im Gedanken der Liebeserlösung weist sie auch eine thematische Parallele zum *Nussknacker* auf. Über beide Werke war die Zeitungsmeinung geteilt. Die Kritik entzündete sich beim *Nussknacker* an seiner ungewöhnlichen dramaturgischen Anlage – Handlungsballett im ersten, reines Divertissement im zweiten Akt –, an Unzulänglichkeiten in der Choreographie (für die Lew Iwanow anstelle des erkrankten Petipa verantwortlich zeichnete) sowie an der Inszenierung. Indessen fand Tschaikowskys lebendige Orchestersprache große Bewunderung. Das melodisch-instrumentale Element dominiert im *Nussknacker* vor der sinfonischen Durchdringung der Partitur. Hatte es in *Schwanensee* und *Dornröschen* in Anlehnung an den szenischen Verlauf eine Tendenz zu sinfonisch-thematischer Entwicklung gegeben, so ließ im *Nussknacker* nur der erste, stärker handlungsorientierte Akt Gelegenheit hierzu.

Wie eine zarte Spieldosenmusik mutet die sonatinenförmige Ouvertüre an. Zu dem Eindruck elegant schwebender, geradezu mozartischer Leichtigkeit trägt die Beschränkung der tänzelnden Streicher auf das hohe Register der geteilten Violinen und Violen bei. (Im Gegensatz dazu steht die – für Nikolai Rimski-Korsakow »aus unerfindlichen Gründen« – ausschließlich für Bläser gesetzte ernste Introduktion zu *Jolanthe*. Mit ihrem »Blindheitsmotiv« wird ein sinfonisches Porträt der Prinzessin gezeichnet.)

Ein fröhlich anwachsendes Violinthema untermalt das Schmücken des Weihnachtsbaums durch die Eltern Silberhaus und ihre Gäste (1. Scène). Die unheimliche Stimmung der hoffmannschen Vorlage andeutend, unterbricht das Schlagen der sonderbaren Eulenuhr für einen Augenblick das freudige Geschehen. »Der Baum strahlt in hellem Lichterglanz wie verzaubert« (Petipa) – ein leuchtendes Flirren der Flöten setzt ein. Als Klara und Fritz staunend in das Weihnachtszimmer eintreten, gibt ein Tremolo der Streicher ihre erwartungsfrohe Spannung wieder. Von einer Harfenkadenz begleitet, fordert Präsident Silberhaus zu einem Marsch auf (Nr. 2). Den dreiteiligen »Petit Galop des enfants et entrée des parents« (Nr. 3) leitet der lustige Presto-Galopp der Kinder ein. Das Andante zum Aufzug der Eltern und Gäste in den Kostümen der »merveilleuses« (die ironische Bezeichnung für übertrieben modisch gekleidete Damen des Directoire-Stils um 1800) und »incroyables« (die Träger so genannter Zweispitz-Hüte; Dandys) ist das Pasticcio eines klassischen französischen Menuetts. Und im Allegro-Teil stellt Tschaikowsky eine der französischen Kindermelodien vor, die er im *Nussknacker* mit Vorliebe zitiert: »Bon voyage, cher Dumollet«. Erschrocken bricht sie ab, als die wunderliche Gestalt des Paten Drosselmeier – E. T. A. Hoffmanns (und wohl auch Tschaikowskys) finster-iro-

nisches Selbstporträt – eintritt (Nr. 4: »Scène dansante«, Andantino); sein skurriles, stockendes Thema in den näselnden Bratschen stellt entsprechend Petipas Angaben »ernste, etwas furchterregende, dann komische« Musik vor. Im Allegro vivace wird wieder zur Heiterkeit übergegangen, als zu staksig-ungelenken Klarinetten und Fagotten die mechanischen Puppen, Drosselmeiers Geschenke an Klara und Fritz, dem Kohlkopf und der Pirogge entsteigen.

Zur Walzerbegleitung zieht Drosselmeier sein letztes Geschenk hervor, den Nussknacker (Nr. 5: »Scène et Danse Gross-Vater«). Die Ratsche illustriert deutlich das Knacken der Nüsse. Indem es Fritzens Manipulationen an dem Spielzeug folgt, wird das Thema des Nussknackers verformt, beschleunigt und schließlich bei seinem Zerbrechen zum Fortissimo gesteigert. Zu einer zart von den Flöten und Holzbläsern gespielten Polka-Berceuse wiegt Klara ihren verletzten Liebling in ihrem Puppenbett. Dabei wird sie zweimal von den ungestümen Jungen gestört. Hier kommt das ganze lärmende Arsenal an Kinderinstrumenten zum Einsatz, das Tschaikowsky in Paris gesammelt hatte: Trompeten, Trommeln, Kuckuck, Wachtel, Becken. Der traditionelle Großvatertanz, seit dem 17. Jahrhundert als Kehraus mit dem Wechsel vom langsamen 3/8- zum schnellen 2/4-Takt bekannt, beendet den Streit der Kinder und gibt das Zeichen zum allgemeinen Aufbruch.

Tremolierende, gedämpfte Streicher, die für die gesamte *Nussknacker*-Partitur charakteristischen Harfenglissandi und Figurationen der Flöten malen bei Klaras Rückkehr in das mondbeschienene Weihnachtszimmer ein Notturno (Nr. 6). Das Drosselmeier-Thema erscheint in leitmotivischer Abwandlung, als Klarinetten und tickende Fagotte das mitternächtliche Schlagen der Eulenuhr anzeigen, die sich zu Klaras Entsetzen in den Paten verwandelt hat. Zum magischen Wachsen des Weihnachtsbaumes erklingt wahrhaft »fantastische Musik in einem grandiosen Crescendo« (Petipa). Im Allegro-vivo-Tempo schließt sich die zweite Nachtszene (Nr. 7: »La bataille«) mit dem Schlachtgeschehen an. Die Oboen markieren den aufgeregten Alarmruf des Wachtpostens, der von überall her beantwortet wird, und das Sammeln der Spielzeugtruppen findet unter Einsatz traditioneller militärischer Fanfarenklänge statt, energischer Rhythmen, Trompetensignale und Trommelwirbel. Wiederum verwendet Tschaikowsky im Schlagzeug die Spielzeuginstrumente. Aber die Leichtigkeit der Instrumentierung lässt immer bewusst bleiben, dass es sich nur um das nach kindlichem Verständnis inszenierte Spiel einer großen Schlacht handelt. Als Klara im Augenblick höchster Spannung den

Nussknacker durch den Wurf ihres Pantoffels rettet, hält die Musik einen Augenblick lang inne. Eine biegsame Figur der Streicher leitet attacca in das idyllische zweite Bild des Balletts über (Nr. 8): Das Weihnachtszimmer ist auf wundersame Weise in einen winterlichen Tannenwald verwandelt. Der erlöste Nussknacker-Prinz lädt Klara zu einer Reise in sein Königreich ein. Die Musik wird dieser Verwandlung durch ein in höchster Expressivität strömendes Thema gerecht. Der wirbelnde »Schneeflockenwalzer« (Nr. 9) mit dem wiegende Vokalisen singenden Chor beschließt den ersten Akt.

Erstmals erscheint im dritten Bild die Fée Dragée, die Zuckerfee, mit dem ihr zugeordneten Instrument, der Celesta, die, zusammen mit den Harfen und hohen Flageolett-Tönen der Solo-Violine, ihre Süße sinnfällig macht (Nr. 10). »L'arrivée de Casse-Noisette et Claire« (Nr. 11) feiert Klaras und des Prinzen Einzug im Zauberpalast von Konfitürenburg. Hier ist es, wo Petipa seine Vorstellung der »Zuckermandel-Feerie« in opulentester Pracht entfaltete. »Ganz fantastische Dekoration.« Brunnen aus Limonade, Orangeade, Mandelmilch und Johannisbeersirup waren vorgesehen, ein Bach von Rosenwasser, Zuckerwerk in allen erdenklichen Variationen, die es musikalisch umzusetzen galt. Zunächst erklingen Reminiszenzen aus der Schlachtenmusik, als der Nussknacker-Prinz seine Geschichte und die Rettung durch Klara erzählt. Dann tritt das kulinarische Personal des folgenden Divertissements auf: Schokolade, Kaffee, Tee sowie die Darsteller der übrigen Charaktertänze.

Im Divertissement (Nr. 12) lehnte sich Tschaikowsky besonders eng an Petipa an; es lohnt der Vergleich von Peti-

pas Programm und Tschaikowskys musikalischer Aus-
arbeitung:

Für »Le chocolat« gibt Petipa vor: »Spanischer Tanz,
3/4, 64 bis 80 Takte«. Tschaikowsky komponiert ein 78
Takte langes Allegro brillante im 3/4-Takt; es ist ein
kraftvoller Tanz mit einem energischen Trompetensolo.
Zur Unterstreichung des spanischen Kolorits erscheinen
unvermeidlich die Kastagnetten.

»Le café« (Arabischer Tanz); Petipa: »Arabien, Königreich Yemen. Café mocca. Orientalischer Tanz. 24-32
Takte, süße und bezaubernde Musik.« Tschaikowsky er-
findet ein Commodo im 3/8-Takt, jedoch mit 102 Takten
erheblich länger. Der größere Umfang erklärt sich aus
dem Zitat eines georgischen Wiegenliedes (»Iav, nana«),
das in Tschaikowskys kunstvoller Verarbeitung tatsächlich etwas betörend Orientalisches gewinnt: durch die
Quintolen-Umspielung in der Führungslinie der Violinen,
in seiner Harmonisierung, durch das ostinate Bassfunda-
ment der tiefen Streicher in eintönigen Oktaven und
durch den Schellenklang des Tamburins.

»Le thé« stellt sich Petipa als »3/4 Allegretto chine-
sischartiger Tanz, kleine Glöckchen etc. 48 Takte« vor.
Tschaikowsky setzt 32 Takte lang eine quirlige Flöte über
beständig nickende Fagotte und das Pizzikato der
Streicher. Schließlich gesellt sich auch ein zarter Glocken-
ton hinzu.

Ein »Danse russe« folgt, »Trepak mit Reigen. Beschleu-
nigter 2/4-Takt – 64 Takte«. Tschaikowskys Tempo di trepak, molto vivace im durch Sforzati akzentuierten vollen
Orchester hat seinen Ursprung in einer russischen Me-
lodieformel; seine 84 Takte werden zum brillanten Pres-
tissimo gesteigert.

»Danse des mirlitons« (Tanz der Rohrflöten) – Petipa denkt sich ihn im »Polka-Tempo. 64 bis 96 Takte. Sie tanzen und spielen dabei auf Flöten aus Schilfrohr, die an beiden Enden durch ein Stück Darm zusammengebunden sind«. Tschaikowsky verwirft einmal die Tempovorgabe und schreibt ein elegantes Andantino, das eher pastorale Stimmung weckt. Die 77 Takte sind mit größtem Raffinement behandelt: Drei in Sechzehntel repetierende Flöten werden mit dem sanften Melos des Englischhorns gemischt, die zunächst pizzicato begleitenden Violinen greifen die Figurationen der Flöten auf, und wohl ausbalanciert bestreiten die Blechbläser den Mittelteil.

*Mutter Gigogne und ihre Kinder*

»La mère Gigogne et les polichinelles«, 32 Hanswurste mit Mutter Gigogne und ihren Kindern, die unter ihrem Rock hervorkriechen, bilden den Abschluss des Divertissements. Der französische Märchencharakter (*Die alte Frau, die in einem Schuh wohnte*) mag Tschaikowsky hier zur Einflechtung älterer französischer Lieder angeregt haben, wie sie ihm aus seiner Kindheit vertraut waren. Als Angehöriger der russischen Landhaus-Schicht (»dworjanstwo«) hatte er eine französische Erziehung genossen. Tschaikowskys Mutter war französischer Herkunft und sein Kindermädchen (Fanny Dürbach) Französin. Welch merkwürdige Begegnung muss es gewesen sein, als er ausgerechnet im Jahr der

*Nussknacker*-Uraufführung, Ende 1892, die inzwischen siebzigjährige Fanny Dürbach wiedertraf. »Aus der Schatulle des alten Fräuleins steigen die Erinnerungen wie aus einem zauberischen Behälter.« So, betont sentimental, stellt es sich Klaus Mann in seinem *Tschaikowsky-Roman* vor. »Das sind Spielsachen, die dem kleinen Pierre gehört haben, eine Puppe, bunte Glaskugeln; da sind die französischen Gedichte [...] magische Rückkehr des Vergangenen, oh, Wiedererkennen, oh, Nach-Hause-Finden!« Sowohl in Tschaikowskys Bibliothek wie auch in der Familie Saschas existierten Liedersammlungen, die die Melodien »Que t'as de belles filles, Giroflé, girofla« (Air composé en 1650) und »Cadet Rousselle a trois maisons« enthalten. »Giroflé, girofla« verwendete Tschaikowsky für die umrahmenden Allegro-giocoso-Abschnitte, »Cadet Rousselle« für den Andante-Mittelteil.

Der berühmte »Blumenwalzer« (Nr. 13), in der Szenenfolge des Balletts das Echo auf den »Schneeflockenwalzer«, führt zum Pas de deux (Nr. 14). Die »Intrada« zeigt Tschaikowsky in seiner leidenschaftlichsten, dunkelsten Art. Petipa hatte sich »ein im Effekt kolossales Adagio« gewünscht (tatsächlich wurde es ein Andante maestoso): Die Violoncelli setzen mit einem sehnsuchtsvoll-schwärmerischen Thema ein, das auf dem Höhepunkt des Satzes eindringlich von den Trompeten und Posaunen intoniert wird. John Warrack verweist auf die »deutliche Nähe zu Tschaikowskys Todesthemen«. Tatsächlich klingt die tragische Liebesthematik der *5. Sinfonie* hindurch. Die *Pathétique* kündigt sich an. Im dramaturgischen Ablauf des *Nussknackers* gibt es für ein tragisches Moment an dieser Stelle, als Klara und der Nussknackerprinz zueinander gefunden haben, keinen rechten Grund. Tschaikowsky trübt aber die Vision der Liebeserfüllung in einem Fantasiereich mit einem ernsten Akzent.

Nach der »Variation I«, der Tarantella des Prinzen, folgt als zweite Variation »pour la danseuse« der »Tanz der Zuckerfee«, dessen ganzer Charme von dem perlend-glitzernden Glöckchenklang der Celesta ausgeht. »Man muss das Fallen der Wassertropfen in den Fontänen hören«, hatte Petipa gefordert.

Im Anschluss an die von beiden Tänzern ausgeführte Coda beenden »Valse finale et apothéose« (Nr. 15) wirkungsvoll das Werk. In reicher Instrumentierung erscheint noch einmal das Einleitungsthema des zweiten Aktes, das der Zuckerfee. Petipa: »Große, allgemeine Coda für alle, die auf der Bühne sind, und für jene, die bereits ihren Tanz absolviert haben. ... Apotheose ... Grandioses Andante ... Ende«.

---

Modest Tschaikowsky, *Das Leben Peter Iljitsch Tschaikowsky's*. Aus dem Russischen von P. Juon, Moskau und Leipzig 1903.
John Warrack, *Tchaikovsky. Ballet Music*, London 1979.
Roland John Wiley, *Tchaikovsky's Ballets*, Oxford 1985.

# Der Nussknacker als Figur

Ein Traditionsmotiv in der deutschen Volkskunst
Von Manfred Bachmann

Auf der Leipziger Buchmesse 1991 stellte ein west-
deutscher Reisebuchverlag sein Angebot mit einem ori-
ginellen Plakat vor, auf dem jeweils ein Land mit einem
typischen ethnographischen Beitrag aus der Sachkultur
die regionale Spezifik andeutete. Neben dem Säbel für
Marokko, dem Bumerang für Australien und dem Sou-
venir-Eiffelturm für Paris stand der Seiffener Nussknacker-
ckerkönig aus der Familie Füchtner für »Ostdeutsch-
land«.

Der Nussknacker als »Nationalsymbol«! Besser
konnte die internationale Popularität der Zentralfigur der
Seiffener Handwerkskunst nicht dokumentiert werden.
Die Geschichte des Nussknackers als einfaches hölzernes
Hebelwerkzeug, zangenartig angelegt, soll bis in die
Antike zurückführen. Das Prinzip des Hebelknackers hat
sich vor allem auch bei den anthropomorphen Nussknackern erhalten, die etwa seit dem 16. Jahrhundert in
Mitteleuropa vorherrschen. Als Erzeugnisse des städti-
schen Kunsthandwerks und in allen bekannten Gebieten
der Hausindustrie geschnitzt und bemalt, wurden sie seit
dem späten 18. Jahrhundert vor allem in Thüringen und
dem Erzgebirge auch gedrechselt. Der Nussknacker gilt
als das klassische Beispiel für die angewandte volkskünst-
lerische Kleinplastik.

Zum Schmücken des Weihnachtsbaumes gehörten neben Äpfeln, Pfefferkuchen und Zuckerkringeln von jeher

vergoldete Nüsse, die dauerhaften Früchte des »welschen« Nussbaumes. Wer aber ihren wohlschmeckenden Kern will, muss sich erst mühen, die harte Schale zu knacken. Auf einfache Weise besorgt das die Hebelwirkung zweier gelenkverbundener Hölzer. Solche Geräte waren, mit figürlichem Schmuck versehen, bereits im 16. Jahrhundert geschätzte Geschenke. 1650 nennt eine Berchtesgadener Quelle »Nußbeißer«. Aber schon der Druck kräftiger Hände oder gesunder Zähne konnte zum gleichen Erfolg führen. Bei solchen Kraftanstrengungen mag es zuweilen zu gräulichen Grimassen gekommen sein, die das Kind fröhlich auflachen ließen.

So haben Holzhandwerker schon früh das Nüsseknacken von Figuren besorgen lassen, denn bereits 1735 ist in Sonneberg von »Nußbeißern« als »Kinderwaare« die Rede. Diese arbeiten nach dem Prinzip, dass in einer kräftigen Gestalt mit großem Kopf der am Rücken bewegte zweiarmige Hebel die Nuss gegen den Oberkiefer drücken musste. (Die Musterblattsammlung der Fa. Adolf Fleischmann, Sonneberg, zeigt sie bereits als Abbildungen zwischen 1840 und 1870.) 1799 werden in einem in Weimar gedruckten Buch unter anderem »gemalte Nußbeißer von Holz, desgl. mit Perücken, Nußschrauben« erwähnt.

Während eines Karnevalaufzuges der Freisinger Studenten 1783, der auf dreißig Schlitten in überdimensionalen Modellen den Zuschauern »Berchtoldsgadner Waare« vorführte, zeigten sich auch »Nußbeißer in Gestalt eines Männchens, dessen Maul und Bauch eins ist«. 1791 werden für Berchtesgaden »feine Nußbeißer« erwähnt, die der geschäftstüchtige Verleger Anton Wallner vertreibt. Alexander Tschekalow vermerkt, dass bereits am Ende des 17. Jahrhunderts Nussknacker aus Deutschland in die russische Spielzeugproduktion übernommen wurden. Aus Gröden sind derbe Volkstypen (u. a. hexenartige Weiber), bissige Karikaturen und Türken überliefert, die ursprünglich als »Weißware« zum Fassen nach Oberammergau gebracht wurden. Auch dort spielten die Orientalen als Motive für Nussknacker eine große Rolle. In der Viechtau entstanden nur wenige Nussknacker. Das Museum für Volkskunde in Wien besitzt einen mit 1591 datierten Bettelmönch, den Leopold Schmidt mit Vorbehalt Oberitalien oder dem Südfuß der Alpen zuweist. Das Innsbrucker Museum Ferdinandeum besitzt einen im 16. Jahrhundert in Gröden hergestellten Mönch, der dem zeitgenössischen Mönchsspott zuzuordnen

*Wilhelm Füchtner*

ist. Bei der Betrachtung der überlieferten frühen Stücke von figürlichen Nussknackern muss noch auf die Beziehung zu den Automatenfiguren vorwiegend des 18. Jahrhunderts verwiesen werden.

In der Rhön ist die Nussknackerherstellung (geschnitzte Groteskfiguren) noch heute lebendig. Bei Nussknackern aus dem Erzgebirge – aber auch aus Thüringen – dominieren die Vertreter der »Obrigkeit« (Soldaten, Gendarmen, Förster, König) im 19. Jahrhundert. Die armen Spielzeugmacher tauschten gleichsam die Rollen und ließen sich von jenen die Nüsse knacken, denen sie im drangvollen Alltag oft rechtlos ausgeliefert waren. So musste zum Beispiel in Thüringen der Gendarm als »Knurks« für die armen Leute »arbeiten«. Dagegen übertrug der erzgebirgische Spielzeugmacher die »gemütliche« Funktion des Rauchens in den frühen Formen der Räuchermänner nur »einfachen« Menschen aus dem dörflichen Alltag. In dieser Differenzierung sind Züge einer naiven Sozialkritik erkennbar, die noch gründlich erforscht werden muss. Neben die ältere Auffassung der Figur als Verkörperung des Grimmigen, Gefürchteten tritt die freundlichere eines guten Märchenkönigs, nachdem sie E. T. A. Hoffmann in seinem Kindermärchen *Nussknacker und Mausekönig* 1816 literarisch erhöht und ihr Peter Tschaikowsky fast acht Jahrzehnte später im *Nussknacker* die Rolle eines verwunschenen Prinzen zugewiesen hat. Der Wandel in der Auffassung prägte sich in der Gestaltung aus. Die preußische Pickelhaube (als Helm 1842 in der preußischen Armee eingeführt) wurde zur Königskrone, das Gewehr zum Zepter. Auch Wilhelm Friedrich Füchtner (1844-1923) gab seinem weltberühmten gedrechselten Seiffener Nussknackerkönig um 1870 eine sehr ansprechende Ausstattung. Das Gold der königlichen Zackenkrone malte er auf einen mächtigen, vom Bergmann entliehenen schwarzen Schachthut. In dieser Familienwerkstatt haben sich die alten Figurentypen bis heute erhalten. Gotthelf Friedrich Füchtner (1767-1844), zunächst Zeugarbeiter, dann Drechsler, bot bereits 1809 auf dem Dresdner Striezelmarkt den Städtern »Seiffener Ware« an.

Die heutige Grundform des Königs kommt nun schon über 70 Jahre aus der bekannten Werkstatt, deren Erben im Sinne einer kreativen Heimatpflege die Tradition bewahrten und bewahren, nun schon in der sechsten Generation. (Bis zu Beginn der zwanziger Jahre zählten Feuerwehrleute, Türken und Soldaten dazu, seit 1956 ergänzen Rübezahl und Förster nach genialen Entwürfen Hans Reichelts [geb. 1922] sowie seit 1990 ein goldhelmtragender Soldat der Zeit um 1900 das Angebot.)

Zu den Altmeistern mit eigenständigen Figuren zählt auch Richard Langer (1887-1957), dessen Gendarm in seiner technologischen Grundform nach 1959 in der PGH (Produktions-Genossenschaft Handwerk) »Seiffener Volkskunst« weiterlebte. Zu erinnern ist an die Könige mit Knollennase sowie an die Förster und Waldmänner von Rudolf Ender (1898-1986), die vielfach auf Anregung des Fachschuldirektors Alwin Seifert (1873-1937) zurückgehen.

Heute bemühen sich zahlreiche Handwerkerfamilien aus dem Verband der Einkaufs- und Liefergenossenschaft »Dregeno«, die Genossenschaft »Seiffener Volkskunst«, die Firma Richard Gläßer GmbH, die Kunstgewerbe-Werkstätten Olbernhau sowie das »Seiffener Nußknackerhaus« (Christian Ulbricht) u. a. um eine bewundernswerte Formenvielfalt, die in der Regel der Tradition verpflichtet ist. Als Besonderheit sei auf die seit den sechziger Jahren in den Werkstätten von Walter Werner (geb. 1931) und Helmut Bilz (geb. 1923) hergestellten Miniaturnussknacker verwiesen. Namhafte Entwerfer wie Hans Reichelt, Hans Brockhage, Ika Otte, Ines Frömelt und Hartmuth Walther unterstützen die Bemühungen der Handwerker.

Über die Herstellung der Seiffener Nussknacker sei vermerkt: Der gedrechselte Nussknacker, dessen mittleres Maß 35 cm beträgt, entsteht in etwa 130 Arbeitsgängen (je nach dem Grad der Arbeitsteilung in den Werkstätten).

*Nussknackerfiguren aus verschiedenen Werkstätten*

Er gilt als ausgesprochener »Holzfresser«.

Für die gedrechselten Körperteile verwendet man hauptsächlich Fichte und Buche. Als zusätzliche Materialien zur Auszier der Figur werden Wolle, Fell, Borsten, Draht, Blech, Papier, Leder, Stoff und Schnuren benötigt. Neuerdings gesellt sich Kunststoff dazu. Wie entsteht der Nussknacker? Zunächst dreht der Hersteller aus einem Vierkantholz, dessen Ecken gebrochen werden, mit »Schruppröhre« und Meißel eine Walze. Hat diese die richtige Stärke, so erfolgt das Anreißen der Einkerbungen von Kopf, Hals und dem Rockende. Der Oberkörper erstreckt sich bis zum Rockende. Dann werden Arme, Beine und Sockel gedreht, Füße und Nase aus vorgesägten Holzklötzchen geschnitzt (früher diente eine besondere Masse zur Herstellung von Nasen und Füßen). Bevor der Nussknacker zusammengesetzt wird, muss in den Oberkörper das »Maul« eingefräst werden. Früher stemmte man es mit einem flachen Schnitzeisen aus. Der für die Funktion des Knackens notwendige Hebel wird mit der Bandsäge ausgeschnitten und mit einem kräftigen Stift im Innern des »Maules« befestigt. Nun folgt das Zusammenleimen der gedrehten Einzelteile. Bevor der Rohkörper grundiert und anschließend geschliffen wird, beschnitzt man ihn, wie der Entwurf es angibt. Zur farbigen Fassung, die vornehmlich leuchtende Farben (Rot, Blau, Grün, Gelb und Schwarz) und eine ausgewogene Ornamentik aufweist, dienen Leim- und Plakatfarben, Spiritus- oder Nitrolack. Schließlich werden Bart und Kopfhaare aufgeklebt (vgl. Hartmut Ulbricht, *Die Entwicklung und Gestaltung des Nussknackers als dekorativer und praktisch-nützlicher Gegenstand*, Abschlussarbeit 1965, Fachschule für angewandte Kunst Schneeberg). Freilich tüfteln die Werkstätten ständig neue technologische Feinheiten aus, die den Produktionsvorgang beschleunigen und die Arbeitsproduktivität erhöhen.

Der »echte« Nussknacker aus dem Erzgebirge war über Jahrzehnte ein gefragter Exportartikel der DDR und als Souvenir im Lande knapp. Deshalb wurde er in seiner gedrechselten Form auch allgemein in der volkskünstlerischen Laienbewegung gepflegt, auch im westerzgebirgischen Schnitzgebiet. Es gibt in Deutschland eine Reihe von Herstellern auch außerhalb des Erzgebirges. Erinnert

sei an die Firma Steinbach GmbH, Deutsche Volkskunst-
werkstätten in Hohenhameln, aber auch an die kopie-
rende Billigkonkurrenz in China und Taiwan. Die Haupt-
abnehmerländer sind die USA und Japan. Unübersehbar
ist die Fülle der Motive geworden, oft werden die Figuren
historischen Ereignissen, speziellen ethnischen Vorstellungen und regionalen Wünschen angepasst. So liefert die
Holz- und Drechselwaren GmbH Rothental Nussknacker
im Golfkrieger-Look mit Sternenbanner und Sturmge-
wehr zu Legionen in die USA ... Traditionspflege?

Die Nussknacker-Sammlerbewegung ist – vor allem
gefördert durch die Firma Steinbach, deren großzügig gestaltete Katalogbände auch eine englische Sprachfassung
führen – besonders in den USA (Clubs) massenhaft entwickelt. Die deutschen Sammler (etwa 40) organisieren
Treffen und tauschen ihre Erfahrungen in einem Rund-
brief aus, den der Braunschweiger Sammler Klaus-Peter
Rossoleck betreut. Die bedeutendste erzgebirgische Pri-
vatsammlung baute Jürgen Löschner in Neuhausen auf.
Stefanie Ludwig umreißt annähernd die Typenvielfalt:
Kamen und kommen aus dem Erzgebirge traditionell ausschließlich Variationen über die Themen König, Soldat,
Gendarm und Förster, so gibt es in den übrigen Angebots-
listen fast nichts, was es nicht gibt. Hinzu kommen
historisch/literarische Gestalten wie Uncle Sam, Hermann
der Cherusker, August der Starke, Graf Luckner, Ko-
lumbus, St. Patrick, Dr. Eisenbarth, Mozart, Chopin,
Dr. Watson, Sherlock Holmes, weiter Bewohner nicht
deutscher Regionen (Cowboy, Ölscheich, Dudelsack-
pfeifer). Besonders groß ist die Zahl der Berufe: Bäcker,
Metzger, Schornsteinfeger, Schmied, Arzt, Golfer, Geigen-
bauer, Fischer, Postbote, Matrose, Schäfer, Feuerwehr-

mann, Uhrmacher, Nachtwächter, Bauer, Apotheker, Schuster, Töpfer.

Teilweise mutet die Gestaltung grotesk an (tanzender Bayer mit Maßkrug; Nikolaus bzw. Weihnachtsmann mit grimmiger und eben nicht väterlich-wohlwollender Miene), manchmal humorvoll, so der Häuslebauer mit vielerlei Werbung und dem Schild »Bauen ist'ne Lust! Das's so teuer ist – hab i net gewußt. Gott bewahr mich allezeit vor Maurer und vor Zimmerleut!« oder der Landsknecht mit Lanze in der Rechten und erbeuteten, mageren Hühnchen in der Linken. Sogar eine Kombination aus Nussknacker und Räuchermännchen in Gestalt von Vater und Sohn gibt es.

*Der Nussknacker als Objekt von Groteske, Satire*
*und Sozialkritik – Beispiel für Aktualisierung*

Leopold Schmidt hat in einer bedeutenden Ausstellung 1975 über die Groteske in der Volkskunst die Nussknacker einbezogen und vor allem auf das unerschöpfliche Thema des Typenspottes hingewiesen. Dieses Prinzip führt bis in die Höhen der Politik, wie erhaltene Nussknacker beweisen: Bismarck (England), Hindenburg (Süddeutschland), Helmut Schmidt (Rumänien) als geschnitzte »Porträts«. Der Schnitzer Erich Wolff (Freudenstadt) stellte 1991 Bundeskanzler Kohl als sprechende Marionette und weitere führende Politiker als Nussknacker vor. Seine farbige Beschränkung auf Schwarz und Weiß ist als Übernahme der Symbolik vom Karikaturen-Zeichnen zu bewerten. In der zeitgenössischen Karikatur ist das Thema Nussknacker als Symbol für die Bemühungen um die deutsche Einheit vielfach in der Presse ein-

*Karl Simmang: Altes Wasserdrehwerk in Heidelberg-Seiffen;*
*Zeichnung, 1951*

gesetzt worden. Immer wieder werden dort Persönlichkeiten als Nussknacker dargestellt, wenn sie eine Pro-
blem-Nuss aufzubrechen haben und dabei Schwierig-
keiten auftreten. Auch in die moderne Literatur ist die
Symbolgestalt eingeführt, wie zum Beispiel in dem Ro-
man *Der Nussknacker* des russischen Autors Boris Fal-
kow, der in der Tradition Gogols, E. T. A. Hoffmanns und
vor allem Bulgakows steht (List Verlag 1991). Von den
historischen Persönlichkeiten hat sich vor allem Napoleon seinen Platz unter den Thüringer Nussknackern bewahrt, wie u. a. die Stücke im Museum für Thüringer
Volkskunde Erfurt, im Germanischen Nationalmuseum
Nürnberg und in der Sammlung Gillissen belegen (gefer-

tigt um 1820 in Catterfeld, Arme und Gesicht aus Pappmaschee). Dieser Typ wurde noch 1895 im Katalog des Warenhauses Wahnschaffe (Nürnberg) in zwei Größen als »Komische Figur« angeboten. Das künstlerische Vorbild ist offenbar die zeitgenössische (1813/1814) anonyme Karikatur »Napoleon als Leipziger Nußknacker«, ein Spottbild aus einer illustrierten Zeitung. Leipzig war die erste Nuss, die zu knacken Napoleons Kraft versagte (neuere Forschungen vermuten ein Mitwirken E. T. A. Hoffmanns an der Karikatur). Napoleon gilt noch heute als beliebtes Motiv im Angebot der 1835 gegründeten Porzellanmanufaktur Scheibe-Alsbach. Dazu gehören auch Darstellungen von Marschällen, Generälen und historischen Gegenspielern des Imperators. Diese Militärs wurden am Ende des 19. Jahrhunderts von namhaften Bildhauern und Modelleuren geschaffen und nahmen noch 1988 ein Drittel des Liefersortiments ein.

Früh bediente sich die sozialdemokratische Arbeiterbewegung der Symbolfigur »Nussknacker« als satirischer Bezeichnung in der Presse. So erschienen unter der Leitung von Max Kegel (1850-1903), Schöpfer des Sozialistenmarsches (1891 geschrieben, bis 1910 verboten), die zwischen 1872 und 1878 herausgegebenen politisch-satirischen Beiträge der *Chemnitzer Freien Presse* zeitweilig unter dem Namen *Nußknacker* (zwischen 1871 und 1873 unter Mithilfe von Joseph Most [1846-1906]). Aus ihr entwickelte sich 1873 die Beilage unter dem Namen *Chemnitzer Rakete*, bevor sie ab 1876 wieder *Nußknacker* genannt wurde und bis 1878 erschien.

Die gestalterischen Beziehungen des Nussknackers zu anderen Figurengruppen regionaler Volkskunst sind unübersehbar. Dazu gehören die berühmten Rhöner Wackelfiguren mit beweglichen Köpfen und zumeist auch mit beweglichen Kinnpartien. Die in verschiedenen Museen aufbewahrten Belege, Kostbarkeiten in wertvoller Fassung, die von geübten berufsmäßigen Schnitzern offenbar in einem geteilten Arbeitsgang produziert wurden, sind der Zeit um 1800 zuzuordnen. Herbert Clauß verweist sie in die Nähe früher Meißener Porzellanfiguren und bezweifelt ihre Spielfunktion. Wackel- bzw. Nickchinesen gab es in der ersten Hälfte des 18. Jahrhunderts in verschiedenem Material, auch Porzellan. Sie stehen im Zusammenhang mit der damaligen China-Mode. Offenbar haben Thüringer Manufakturen am Ende des 19. und zu Beginn des 20. Jahrhunderts davon groteske Nachbildungen als billige Massenware in Porzellan auf den Markt gebracht. Sie nicken mit dem Kopf und bewegen das Kinn, erinnern an die später üblichen beweglichen Schaufensterfiguren aller Art und Größe (Herbert Clauß, 1956).

Unübersehbar sind die »verwandtschaftlichen« Beziehungen zu den aus Pappmaschee gefertigten Thüringer Wackel- und Nickfiguren (zweite Hälfte 19. Jahrhundert), Volkstypen in grotesk-komischer Verzerrung, oder auch zu politischen Karikaturen wie »Marianne« (Frankreich) und »Tommi« (England). Zu unserer Betrachtung gehören auch die Oberammergauer Hampelmänner und die Grödner Groteskfiguren, die alle mit beweglichem Unterkiefer ausgestattet sind. Vom Aussehen her sind sie ebenso verwandt mit den Oberammergauer figürlichen Uhrenständern und mit den beweglichen Schwarzwälder Uhrenmännlein, mit dem »Großmaul« beim volkstümlichen Ballzielwerfen, mit den in Mühlen als gewaltige Mahlgangsöffnung maskenhaft gestalteten »Kleiekotzern«, mit Kienspanhaltern (Gähnaffen) und mit den

Sonneberger »Fressern«, bei denen dem »großen Maul« die Hauptfunktion des Schlingens zugewiesen ist. Ein Kurbelwerk bewegt das »Opfer« in das gefräßige Maul. Sie kamen mit der Wende des 20. Jahrhunderts auf, waren aus Pappe und Pappmaschee gefertigt, bemalt und der Kasten (Holz) teilweise auch beklebt. Lustige Themen wie Clown und »Max« stehen neben Gruppen mit martialischer Funktion: Englischer Wachsoldat verschlingt feindliche Soldaten; Japaner frisst Chinesen; Kosak verschlingt Türken. Offenbar spielten dafür kaufmännische Aufträge eine Rolle. Für England sind sie nachgewiesen.

Der weitläufigen Verwandtschaft anthropomorpher Nussknacker sind auch zuzuordnen politische Figuren in Form von angloamerikanischen Karikaturen als »Clockwork« (Roosevelt, General Butler, Washington, Präsident Paul Krüger u. a.) oder als Sparbüchse mit beweglichem Unterkiefer (Uncle Sam, Negerköpfe).

Als typisch englisches Erzeugnis gelten die seit Mitte des 18. Jahrhunderts in der Töpferlandschaft Staffordshire gefertigten Toby Jugs, Figuren, in denen man Getränke servierte und deren Hutkrempe als Ausguss diente. Darunter sind die Porträtgefäße des Ersten Weltkrieges, die die alliierten Heerführer zeigen, besonders berühmt (Entwürfe Sir F. Carrutlers Gould). Es müssten noch weitere »wunderliche Verzerrungen« in die Betrachtung einbezogen werden: Schembartbilder, Kleinplastiken und Genrefiguren allgemeiner Art, Musikfiguren von Spielfiguren, Masken u. a. m. Schließlich sei wenigstens noch auf die Beziehungen zu den Automatenfiguren vorwiegend des 18. Jahrhunderts verwiesen. Sie klingen in der Erzählung *Die Automaten* von E. T. A. Hoffmann an, der darin seinen Helden berichten läßt: »Ich muß gestehen,

[...] daß die Figur [...] mich lebhaft an einen überaus zierlichen Nußknacker erinnert, den mir einst [...] ein Vetter zu Weihnachten verehrte. Der kleine Mann hatte ein überaus ernsthaft-komisches Gesicht und verdrehte jedesmal mittels einer inneren Vorrichtung die großen aus dem Kopf stehenden Augen, wenn er eine harte Nuß knackte, was dann etwas Possierlich-Lebendiges in die ganze Figur brachte, daß ich stundenlang damit spielen konnte« (vgl. Annette Beyer, 1983).

---

Autorengruppe, *Geschichten vom Nußknacker. Ein Werkzeug wird Symbolfigur*, Seiffen 1992.

Manfred Bachmann, *Holzspielzeug aus dem Erzgebirge*, Dresden 1984.

– , *Berchtesgadener Volkskunst*, Rosenheim 1985.

– , *Die Geschichte der Nußknacker*, Rothenburg o. d. T. 1997.

Annette Beyer, *Faszinierende Welt der Automaten*, München 1983.

Hellmut Bilz, *Erzgebirgische Nußknacker*, Faltblatt, Schneeberg 1989.

Herbert Clauß, *Schnitzen in der Rhön*, Leipzig 1956.

Karl Gröber, *Alte Oberammergauer Hauskunst*, Neuausgabe, Rosenheim 1980.

Brigitte Jacob, *Die Entwicklung des Nußknackers und des Räuchermannes im Seiffener Raum. Ihre Beziehungen zu den früheren und jetzigen Verhältnissen der Spielzeugmacher*, Maschinenschriftliches Manuskript, Seiffen 1963.

St. Ludwig, *Nußknacker und Mandelkern*, in: *Puppen und Spielzeug* 8, 1991.

Leopold Schmidt, *Die Groteske in der Volkskunst*, Wien 1975.

– , *Kleine Nußknackersuite. Einige Tischgeräte vom 16. bis zum 19. Jahrhundert*, in: *Werke der alten Volkskunst*, Rosenheim 1979.

Adolf Spamer, *Deutsche Volkskunst. Sachsen*, Weimar 1954.

Rita Stäblein, *Altes Holzspielzeug aus Gröden*, Bozen 1980.

# Theaterzauber, Disneyland und die »Andere Welt«

Zur Dramaturgie von »Konfitürenburg«
Von Annegret Gertz

»Der Vorhang hebt sich, und wir befinden uns in einer riesigen Konfektschachtel. Die Herrscherin dieses Reiches, die Zuckermandelfee, tritt eindrucksvoll herein, indem sie sich mit einem zauberhaften Tanz zu den himmlischen Klängen einer Celesta vorstellt. Anschließend heißt sie Süßigkeiten aus Schokolade, Kaffee und Tee willkommen, dazu Zuckerwerk, Marzipan, Bonbons und bunte Zuckerstangen, so lange, bis endlich alles bereit ist für den Empfang von Marie und dem Nussknackerprinzen, die in einem Walnussschalen-Boot ankommen und auf einen Thron aus Süßigkeiten geführt werden. Ihnen zu Ehren tanzen die Geschöpfe des Königreiches eine Reihe von entzückenden Tänzen, deren Höhepunkt schließlich der Pas de deux der Zuckermandelfee mit ihrem Kavalier bildet.«

George Balanchine ist es, der so den Beginn des zweiten Aktes im Libretto zu seinem *Nussknacker*-Ballett beschreibt, das er 1954 zur Weihnachtszeit in New York zur Aufführung brachte. Wären da nicht die vereinzelten Begriffe, die uns auf die Theaterfunktion dieser Szene in »Konfitürenburg« verweisen, könnte dieser Text ebenso gut die Nacherzählung eines Kindertraumes sein, eine Vision von Schlaraffenland. Und hätte Balanchine nicht szenisch und ballettdramaturgisch relevante Strukturen mit benannt, könnte man diesen Text auch als Szenarium für einen – vielleicht etwas altmodischen – Süßigkeiten-Werbespot auffassen oder als Ideenvorlage für eine Erlebniswelt in Disneyland.

Für ganze Generationen von Theaterbesuchern und deren Kinder gehört *Der Nussknacker* zum Erlebnis der Vorweihnachtszeit. Die Faszination des Balletts hat nie nachgelassen, auch wenn durch die Jahrzehnte seit der Uraufführung nach immer anderen Lösungen gesucht wurde, den 2. Akt, »Konfitürenburg«, organischer in die Handlung einzufügen. Aber gerade dieser Teil des Balletts hat ein bemerkenswertes, vom Libretto unabhängiges Eigenleben und eine besondere Dramaturgie, die nicht ohne weiteres mit europäisch geprägten Denkweisen zu erfassen ist.

Das Ballett *Der Nussknacker* wurde 1892 im Mariinski-Theater in Sankt Petersburg uraufgeführt für ein einflussreiches und geschmäcklerisches Ballettpublikum, das die Ballettwelt fest im Griff hatte. Eine bevorzugte Tänzerin oder eine beliebte Variation zu sehen, war wichtiger als ein Ballett als Ganzes. Eine schwache Szenenfolge konnte unbeanstandet weggelassen werden, wenn ein populärer Pas de deux (womöglich aus einem ganz anderen Ballett) dessen Stelle einnahm. Für die Kritik war es die technische Leistung, die zählte, Leistung, die man erst nach vielen Jahren an der Stange und vor dem Spiegel erbringen konnte. Jahre, die Respekt einflößten vor der Tradition und Gehorsam verlangten gegenüber ihren Gesetzen. Die Ballettszenen, die Petipa für »Konfitürenburg« geschaffen hat und für die er bei Peter I. Tschaikowsky nach genauen szenischen Angaben Musik bestellt hatte, sind dieser Ästhetik geschuldet. Der Überfluss an Süßigkeiten, die die Szenerie bevölkern, ist noch gewaltiger als bei Balanchine, die Dekoration bilden Brunnen, aus denen Limonade sprudelt, es gibt einen Zucker-Pavillon, in dem die Zuckermandelfee erscheint, Lebkuchen, Nougat, Marzipan, Pfefferminzpastillen, Dragees, Pralinen, Rosinen und viele personifizierte Leckereien mehr, dazu Glanz, Glitzern und Funkeln. Petipa verlangt, dass diese Szene so fantastisch wie nur irgend möglich werden möge, und bezieht Vorhangs- und Umbaumusiken detailliert in die Gestaltung mit ein. Szenische Drehpunkte, die die Handlung entscheidend voranbringen, fehlen, das Tableau ist ganz auf seine Theaterwirkung hin gestaltet und wird beherrscht von Bewegung, visuellen Reizen, Musik und Tanz. Eine Schlaraffenland-Vision für die reichen Zuschauer der damaligen Zeit, eine zu Theater gewordene Vision, die nicht nur Kinder in ihren Bann gezogen haben wird.

Für die Theaterforscher und Wissenschaftler ist der Umgang mit Theater wie diesem besonders schwierig. Seine typischen Phänomene können nicht schwarz auf weiß überliefert werden und unter dem Vorwurf der bloßen Unterhaltung – auch mit dem Prädikat »Kitsch« versehen – lässt sich kein eigentlicher kultureller Wert erkennen.

Das Ereignis »Theater« ist transitiv, es verläuft in der Zeit und ist ein gestalteter Ablauf von Rhythmus und Bewegung. Im Idealfall ordnet eine Dramaturgie nicht nur die angenommene Handlung zu Spannungsverläufen, Dreh- und Höhepunkten, sondern trägt auch Sorge für das Zusammenspiel von Raum, Licht, Farben und Formen. Sie gestaltet einen Rhythmus von Bewegung, Musik und Tanz. Obwohl einzeln ganz abstrakt, rufen die Elemente beim Zuschauer eine bewusst und professionell geplante und absehbare Wirkung hervor. Eine Domäne dieser Dramaturgie ist immer die Revue gewesen, und das amerikanische Entertainment. Denken wir zunächst nur an die fantastischen Ausstattungsrevuen von Florenz Ziegfeld und seinem Ausstatter Joseph Urban in New York, an die opulenten Revuen der zwanziger Jahre in Berlin, Wien, Paris oder London oder an Ausschnitte aus Musikfilmen, die einen Eindruck dieser Dramaturgie für uns konserviert haben.

»Mach es groß. Mach es richtig. Gib ihm Klasse.« So lautete das Motto der erfolgreichen amerikanischen Film-Produktionsfirma Metro-Goldwyn-Mayer. Dieser Slogan formuliert das Prinzip typisch amerikanischer Entertainment-Dramaturgie. Was dort, wie in Europa auch, auf der Theaterbühne begann, gilt gleichermaßen für Hollywoodfilme oder für die Erlebniswelten in Disneyland. Auf einem Ausflug nach Disneyland zum Beispiel sind wir von den Ergebnissen dieser Dramaturgie umgeben. Was wir dort empfinden und wahrnehmen, ist unmittelbar, und eine übergeordnete Bedeutungsebene fehlt. Die Welten von Mickey Mouse und Snow White werden zu unserer eigenen Erfahrung, wir staunen, wenn wir ihre Welt leibhaftig betreten.

Der erfahrene Theatermann Marius Petipa hat nun in seiner Zeit, in seinem kulturellen Umfeld und mit seinen Mitteln, nämlich dem klassischen Tanz, nichts anderes umgesetzt als eine solche Dramaturgie. Er konnte unter der Zustimmung des Zaren aus dem Vollen schöpfen, ihm standen die besten Tänzerinnen und Tänzer zur Verfügung, und das ballettbesessene Publikum vermochte die Zeichen der Bewegungssprache des klassischen Tanzes mühelos zu verstehen und zu differenzieren. In seine In-

*Schneeflocken im »Nussknacker«, 1892*

szenierungen sind immer auch fantastische und märchenhafte Welten eingeflochten, die von ihm gestaltete »Konfitürenburg«-Vision müssen wir als eine ballettgemäße
Interpretation von Schlaraffenland verstehen.

Utopien wie Schlaraffenland – oder seine Verwandten
Cuccagna, das Goldene Zeitalter, Arkadien, auch Toten-
reich und Paradies – sind immer verbunden mit dem
Gedanken der »Anderen Welt«, auch der »Verkehrten
Welt«. Der nach ihr suchende Mensch kann – stark ver-
einfacht beschrieben – entweder nach einer imaginären
hindernisreichen Reise dorthin gelangen; oder es ist Karneval: für eine begrenzte Zeit ist die Ordnung der Welt
und der menschlichen Beziehungen aufgehoben. Mit der

imaginären Reise und auch mit dem Karneval ist das Theater verbunden. Seine einmalige Gabe, Unaussprechliches zum gestalteten Erlebnis und Namenloses unmittelbar erfahrbar zu machen, gibt dem Menschen überhaupt erst die Möglichkeit, sich als Wesen aus Fleisch und Blut mit fünf wachen Sinnen auf die Reise in die »Andere Welt« zu begeben. Was unbestimmt visionär war, wird im Idealfall zum tatsächlichen und unverwechselbaren Erlebnis. Nur: Viel Raum zur Analyse von Bedeutungsebenen und logischen Sinnzusammenhängen durch Wissenschaftler und Theoretiker bleibt dort nicht.

Der professionelle Bühnentanz selbst hatte schon vor der Schaffensperiode Petipas zu seiner so genannten klassischen Form gefunden. Petipa konnte gestalten, was zuvor durch den Tanz von Sylphiden, Elfen, Wilis und anderen Luft-Fabelwesen plausibel gemacht worden war. Für Wesen wie sie war das klassische Ballett geradezu ideal, um sich darzustellen, von sich zu erzählen und ihren Charakter anschaulich werden zu lassen. Petipa nahm das in Anspruch, indem er mit gesteigerter Eleganz und kühler Symmetrie den Rahmen schuf für technisch brillante Darbietungen.

Kehren wir zurück nach »Konfitürenburg«. In einem Tableau wie diesem wird uns auch heute vorgeführt, auf welche Weise ein Märchen, ein Traum zu einem wundervollen zarten Zauber auf der Theaterbühne werden. Wir hören die zarten und himmlischen Klänge der Celesta, die Peter Tschaikowsky der Zuckermandelfee zugeordnet hat, und sehen eine Ballerina, die eine im tiefsten Sinne artifizielle und klassisch zu nennende Variation tanzt, die so zart und zauberisch ist, wie sie eben nur für eine Zuckermandelfee charakteristisch sein kann, ohne dass wir uns darüber verständigen müssten, was eine solche Fee überhaupt tut oder wer sie sein soll. Über ihre kunstvolle Art zu tanzen teilt sie sich uns mit, teilt sie mit, aus welcher Welt sie kommt, welche Bedeutung sie und die Szene, die sie beherrscht, tragen. Was in Überfülle und detailgenau als eine Zauberwelt um sie herum ausgewiesen ist, wird uns unmittelbar zur eigenen Erfahrung. Wir werden uns über einen Tanz der Rohrflöten kaum wundern, denn hinter Tschaikowskys Musik, die wir hören, die sich mit den Bühnengeschehnissen zu einem organischen Ganzen verbindet, verbirgt sich kein tieferer Sinn, keine andere Bedeutungsebene als jene, die wir zu genießen aufgefordert werden. Der Stillstand der Erzählzeit wird zur Zeit des Erlebens. Nur wer sich frei macht von dem durch Bildung anerzogenen Bedürfnis, nach Sinninhalten und formulierbaren Erkenntnissen zu suchen, kann unbeschwert in diese »Andere Welt« eintreten, wie es seit je dem Menschen Bedürfnis ist und wie es seit je das Theater zu leisten vermag.

George Balanchine und Francis Mason, *Balanchine's Complete Stories of the Great Ballets*, New York 1977.
Selma Jeanne Cohen, *Nächste Woche Schwanensee. Über den Tanz und das Tanzen*, Frankfurt 1988.
Christian Mikunda, *Der verbotene Ort oder Die inszenierte Verführung. Unwiderstehliches Marketing durch strategische Dramaturgie*, Düsseldorf 1996.
Roland John Wiley, *Tchaikovsky's Ballets*, Oxford 1985.

# Traumatisierte Kinder

Von Tilmann Moser

Nach der inzwischen allgemein anerkannten Definition wird ein seelisches Trauma ausgelöst durch ein Ereignis oder eine Kette von Ereignissen, die mit den normalen psychischen Mitteln nicht bewältigt werden kann. Die Seele wird überschwemmt, überwältigt, in einen außerordentlichen Zustand versetzt, in dem nur noch Notmaßnahmen greifen, die ihrerseits das normale Funktionieren dauerhaft beeinträchtigen. Am Trauma Maries lässt sich dies exemplarisch belegen, weil es sich aus mehreren gravierenden Faktoren zusammensetzt: Krieg mit den dazugehörigen Ängsten; das Erleben der Ängste der Erwachsenen; deren Tod; die Hilflosigkeit der Überlebenden; die gewaltsame Entführung; die Trennung von der Mutter; die absolute Ungewissheit des künftigen Schicksals.

Und nun die gängigsten Notmaßnahmen:

Das Ich flieht aus dem Körper und der eigenen Seele, die Gefühle werden unwirklich, emotionale Erstarrung ist die Folge. Das kommt nicht zuletzt daher, dass das Trauma ja nicht bewältigt ist, sondern sozusagen in den Kellern gleich einem Ungeheuer weiterhaust und zu den unberechenbarsten Zeiten nach oben drängt. Die Person ist gezwungen, alle Anlässe zu vermeiden, die das Ungeheuer wecken könnten. Das führt zu einem kontrollierten und verarmten Verhalten, einem Tilgen aller Erinnerungsspuren. Aber der Traum ist nicht zu kontrollieren. Alle Traumatisierten fürchten ihn, weil er sie im nächtlichen Schrecken an das Geschehen erinnert, selbst wenn es in den geträumten Bildern unkenntlich geworden ist in den Details, nicht aber in den Affekten.

Deshalb ist es das Erfolgsgeheimnis vieler moderner Traumatherapien, dem Opfer auch körperlich beizustehen, wenn es sich den furchtbaren Erinnerungen stellt. Da sie aber selbst in der schützenden Gegenwart eines Therapeuten noch unerträglich sein können, wählt man heute Therapieformen, die das Wiedererleben zu dosieren imstande sind: etwa die Bildschirmtechnik, bei der der Patient sich die Bilder verkleinert vorstellt auf einem Monitor, der in einiger Entfernung steht, und den er sofort abschalten kann, wenn die »Intrusion«, also die affektive Überschwemmung, zu stark zu werden droht. So lernt er, das passive Ausgeliefertsein langsam zu überwinden und ein Stück Autonomie und eigene Mächtigkeit dem Trauma gegenüber zu gewinnen.

Eine zweite Form funktioniert analog, sie nennt sich Fahrstuhltechnik und bezieht sich direkter auf die vorgestellten räumlichen Verhältnisse im Unbewussten: der Patient steigt mit dem Therapeuten in der Fantasie in einen Fahrstuhl, der sie hinunterführt zu den Ungeheuern. Auch hier gilt das Prinzip der zu lernenden Dosierung: zur Fahrstuhltür hinausschauen, hinaustreten, zurückkehren, nach oben fahren.

Eine andere Form des therapeutischen Umgangs mit dem Trauma umgeht die direkte Begegnung mit den Schreckensbildern, sondern versucht anzuknüpfen an die guten prätraumatischen Erfahrungen, wie sie bei Marie im Nussknacker symbolisiert sind. Es ist bekannt, dass Gefangene die Folter umso besser überstehen, je mehr sie sich halten können an die bewusste Erinnerung an gute, hilfreiche, sie liebende Menschen. Diese Erinnerungen

*Szene aus »Der Nussknacker«, 1892: Stanislawa Belinska-ja als Klara, vermutlich mit Wasili Stukolkin als Fritz und Lydia Rubtsowa als Marianna, Klaras Kusine*

halten ihr Ich zusammen und bewahren die innere Welt vor dem Absturz ins Bodenlose. Trotzdem gelingt es den Folterern, Vergewaltigern, Missbrauchern, Entführern nur zu oft, sich ins Innere ihrer Opfer einzuschleichen und dort Brückenköpfe des Bösen zu bilden. Auch Marie muss zerstörerische Impulse in sich aufnehmen und Dinge zerstören, Krieg führen, Verwüstung anrichten.

Was bei Kindern am furchtbarsten ist: ihre Fähigkeit, Bindungen einzugehen, die sie so dringend brauchen, um seelisch zu wachsen, wird beschädigt oder zerstört. Sie geraten ins kalte Land des Ur-Misstrauens, in dem sie Abstand halten von hilfreichen menschlichen Kontakten. Das Trauma wird zu einem Stück Identität, in dem allein sie sich wiedererkennen. Sie leben mechanisch, fühlen sich erstarrt oder tot, depersonalisiert, also ohne innere Mitte und lebendiges Identitätsgefühl. Annäherung erleben sie als Bedrohung, die sich Nähernden halten sie sich vom Leib mit dem abschreckenden leeren Blick. Sie fürchten nichts mehr, als dass das Trauma der Verlassenheit sich wiederholt und seelische Nähe die Schmerzen des inneren Bruchs wieder aufwühlt.

Deshalb verzichten moderne Traumatherapeuten auch auf die Intensität der normalen therapeutischen Beziehung, die ja funktioniert als heilende, entgiftende Wiederbelebung der neurotisch verdrehten Beziehungserfahrungen. Traumata lassen das Seelenleben entgleisen, sie verbiegen es nicht im herkömmlichen psychoanalytischen Sinne. Zwar lassen sich Traumata sehr gut psychoanalytisch beschreiben oder diagnostizieren, aber sie fügen sich nicht dem üblichen Behandlungsmuster.

Marie nun klammert sich an ein Symbol des prätraumatischen Lebens: den hölzernen Nussknacker. Er erinnert an den Vater, die heile Familie; er bewahrt die Farben des früheren Lebens. Vermutlich sind die konkreten Erinnerungen längst verschwunden, der Nussknacker wird zum Fetisch, zu einem krampfhaft festgehaltenen Teil einer verlorenen Identität. Aber im rechten Augenblick lässt sich doch anknüpfen an die versunkenen Erinnerungen. Dies ist gemeint mit dem Zugang zu prätraumatischen Zeichen, die den Rückweg zum normalen Leben ermöglichen können. Es ist natürlich seinerseits ein sehr entfremdetes Leben, fast ein Kaspar-Hauser-Leben inmitten einer lebendigen Umwelt, wenn ein Kind die Beziehungsangebote im neuen Milieu gar nicht aufgreifen kann, sondern an ein undurchschautes Erinnerungsstück gebunden bleibt, sozusagen in verzweifelter und sinnloser Treue.

Denn Marie konnte nicht damit rechnen, dass der kundige Zauberer auftaucht und sie befreit. Ganz analog können Trauma-Opfer lange nicht glauben, dass der Therapeut einen Zugang findet zu ihrer schrecklichen inneren Welt.

## Der Erlösungsgedanke in der Liebe durch den Prinzen

Das menschliche Leben, im schlimmeren Fall das menschliche Jammertal, bietet genug Elend, sodass der Erlösungsgedanke seit Urzeiten durch Religion und Kunst geistert. Es kann ein Gott sein, Heilkräfte der Natur, Zauberer oder Feen, Drogen, die Liebe oder Menschen, die einen Fluch bannen können. Die Frage ist eigentlich nur, wie jenseitig, unwirklich, von vielen Bedingungen abhängig das Heil ist: Kann der Verlorene einen eigenen Beitrag leisten, oder ist er ganz auf Gnade, lutherisch gesprochen »ohn all Verdienst und Würdigkeit«, angewiesen. Ist die Erlösung märchenhaft – wie eben im Märchen – oder eine Belohnung, wie etwa in der *Zauberflöte* für Mut und Treue.

Der Choreograph Patrice Bart hat ganz das Märchen gewählt. Sein Personal: ein Astronom und Zauberer, der allerdings schon ein wenig Freud gelesen hat und die Kraft der unbewussten Erinnerung kennt und des Traumes kundig ist.

Das Dialektische an diesem Drehbuch ist nun Folgendes: Je mehr Zauberverrichtungen die Heimkehr braucht, desto mehr verweisen diese Verrichtungen und Wunder auf die Tiefe der Traumatisierung. Denn die Rückkehr zur heilen mütterlichen und dann gar der Eintritt in die eheliche Welt mit dem Prinzen ist, therapeutisch gesprochen, ungeheuer lang. Im Ballett führt er mit dem Ballon, ein Grundsymbol für die Außerkraftsetzung der Erdenschwere, über das Gebirge und durch die Eislandschaft – vermutlich als Prüfung – in die Heimat. Die destruktive Verwendung des Nussknackers als Wurfgeschoss oder Bombe durch die schlafende Marie zaubert den Prinzen herbei, der nun kaum eine eigene Identität hat, sondern aus den Bruchstücken der Erinnerung an den Vater zusammengesetzt wird. In der Psychotherapie würde man einem solchen Zauberprinzen oder einer solchen Verbindung nicht allzu gute Perspektiven einräumen, es sei denn, die Beteiligten würden sich einer langen Seelenarbeit unterziehen, um sich als Personen zu entdecken. Im Ballett läßt sich diese Anstrengung, das Märchenhafte in menschliche Plausibilität zu verwandeln, sicher besser künstlerisch aufzeigen als im gerafften Drehbuch.

In der Therapie, vor allem in der Paar- und Familientherapie, würde man es einer Beziehung immer als Überfrachtung von Hoffnungen auslegen, wenn ein Partner den anderen erlösen soll. Trotzdem leben natürlich viele Liebesbeziehungen von dieser Hoffnung, manche enden dann aber auch im Enttäuschungshass, wenn der Partner die überzogenen und heimlichen Hoffnungen nicht erfüllt.

Für ein traumatisiertes Kind gelten vielleicht doch einige veränderte Heilungsbedingungen. Dann gehören die Farben des Vaters nicht so sehr zu einer nicht vollzogenen Ablösung von ihm, die jede neue Beziehung belasten würde, sondern sie verkörpern im Innern der Seele heil gebliebene Fragmente von Erinnerung, die mit dem neuen Partner verknüpft werden; damit wird überhaupt erst eine

Vertrauensbasis geschaffen für einen möglichen Neuanfang. Natürlich beginnt auch dann erst die Bewährung des Paares, auch wenn das herkömmliche Märchen immer verspricht: sie lebten vereint und glücklich bis an ihr Ende.

Es muss ein glücklicher Umstand gewesen sein, der das Kind zu seiner Pflegefamilie geführt hat (offen bleiben muss, auf welche Art und Weise dies geschah; wohl eher abwegig zu denken – aber immerhin einen Gedanken wert –, die angesehene Familie Stahlbaum habe Marie gekauft bzw. sei an der Entführung sogar selbst beteiligt gewesen). Maries Abschied muss in jedem Fall von einem ambivalenten Gefühl begleitet sein. In der Familie Stahlbaum ist sie aufgewachsen, ohne bewusst von ihrer Fremdheit zu wissen, aber offenbar ganz freiwillig geht sie mit Drosselmeier mit. Das *Nussknacker*-Libretto könnte, ohne die glaubhafte Gestaltung der Künstler, unter der Drohung des Kitsches stehen: Lösungen zu bieten, wie sie nur kindlicher Märchenfantasie entspringen, die dann Erwachsene übernehmen, um sich über die Widrigkeiten der Wirklichkeit hinwegzutrösten. Vor allem, wenn es sich bei all diesen schrecklichen Dingen um Kriegsfolgen handelt, die normale Sterbliche, wenn es sie wirklich traumatisch erwischt hat, über Jahrzehnte bedrücken.

Trauma und Erlösungssehnsucht hängen also eng zusammen: das traumatisierte Kind glaubt nicht mehr an die normale haltende Liebe in seinem Umfeld. Deshalb fällt es oft vergifteter Liebe anheim: es läßt sich missbrauchen, weil der Missbrauchende selbst erlösungsbedürftig ist und eine Dringlichkeit ausstrahlt in seinem Werben, die dem Kind wie rettende Zuwendung erscheint. Ähnlich ist es mit kriegstraumatisierten Kindern. Sie spielen selber Krieg, lassen sich von gewissenlosen Offizieren anwerben

*»Der Nussknacker«, 1892: Pawel Gerdt und*
*Warwara Nikitina*

als Kindersoldaten, weil sie mit der Waffe in der unausgereiften Hand eine nie gekannte Bedeutung zu haben glauben. Auch dieser Zusammenhang ist wohl angedeutet im Traum Maries, wo sie Heere gegeneinander hetzt und ihr Symbol einer guten Vergangenheit, den Nussknacker, zur Waffe werden lässt.

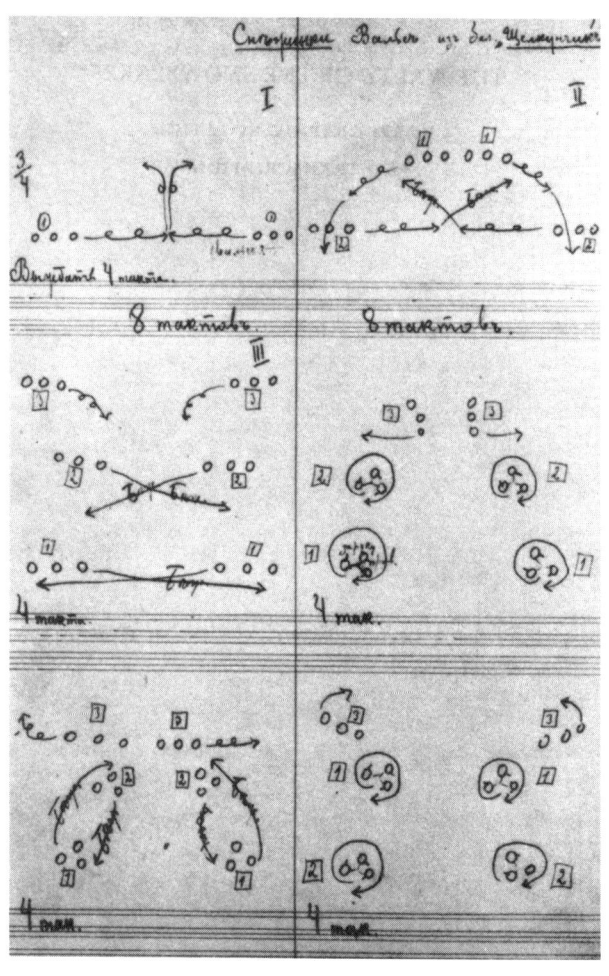

Choreographische Notation des »Schneeflockenwalzers«
von Lew Iwanow

# Das schöne Nichts

Von Carsten Niemann

Es ist eine seltsame Liebe, welche die Menschen dem Schnee entgegenbringen. Keinem anderen Niederschlag wird sie zuteil: Der Regen mag uns notwendig oder lästig erscheinen, der Hagel faszinierend oder zerstörerisch. Nur der Schnee wird selbst von Erwachsenen mit kindlicher Freude begrüßt, auch wenn sie einen Augenblick später seufzend zur Schneeschippe greifen, um die weiße Pracht zu beseitigen und ihre Reste mit Salz und Sand in einen hässlichen, aber gefahrlos begehbaren Matsch zu verwandeln.

Es sind in erster Linie ästhetische Kategorien, die dem weißen Niederschlag selbst unter praktischen Gemütern seine Vorrangstellung sichern. Als Erstes wäre da natürlich sein makelloses Weiß zu nennen – eine Farbe, oder vielmehr: eine Nichtfarbe, die von der Lilie, welche der Engel der Jungfrau Maria überreicht, bis hin zum »Weißen Riesen« als Symbol für eine idealische Reinheit und Fleckenlosigkeit gegolten hat und deren Magie sich niemand entziehen kann.

Märchenhaft erscheint uns der Schnee zudem, denn er verwandelt die uns vertraute Umwelt: Seine Oberfläche wirft das Licht zurück, die fallenden Flocken isolieren den Schall, sodass sich um uns eine irritierende Stille verbreitet; er überzieht die unordentliche Welt mit einer einheitlichen Decke und nimmt allen Ecken und Kanten ihre Schärfe. Eine mystische Stimmung verbreitet sich, in der wir an die gütige, aber gestrenge Frau Holle denken mögen und in der wir verstehen, warum dem Gläubigen des Mittelalters die Himmelskönigin Maria so oft im Schnee erschien: zahlreiche Kapellen und Kirchen zu »St. Maria im Schnee« zeugen noch heute davon, und bisweilen kann der Tourist dort auch eine der beliebten Schneekugeln erstehen, in denen künstliches Weiß auf die nunmehr profanisierte Erscheinung aus Plastik hinuntersinkt.

Seltsamerweise blieb den Bewohnern des christlichen Abendlandes eine andere mystische Qualität des Schnees weitgehend verborgen: seine stets sechseckige Gestalt. So beschrieb der mit dem Schnee schon aus geographischen Gründen bestens vertraute Erzbischof von Uppsala, Olaus Magnus, um 1555 zwar genauestens die verschiedenen Erscheinungsformen der weißen Kristalle und erblickte dabei neben Sternen auch Nägel, Pfeile und Glocken. Doch die sechseckige Grundstruktur dieser Gestalten erkannte er nicht.

Es blieb Johannes Kepler vorbehalten, im Jahre 1610 zum ersten Mal in der abendländischen Geschichte zu untersuchen, warum der Schnee »beim ersten Fallen, bevor er sich zu großen Flocken ballt, immer sechseckig, sechsstrahlig und gefiedert wie feiner Flaum herabfällt«. Es war eine Gelegenheitsarbeit, eine mathematische Neujahrsgabe an seinen Gönner, in der der große Astronom seine Gedanken festhielt und in deren Vorrede er die Nichtigkeit des Gegenstandes in einem Wortspiel ironisch kommentiert, denn der Name für Schnee lautet im Lateinischen schlicht »nix«:

»Wie ich so grübelnd und sorgenvoll über die Brücke gehe und mich über meine Armseligkeit ärgere und darüber, zu Dir ohne Neujahrsgabe zu kommen [...], da fügt es der Zufall, daß durch die heftige Kälte sich der Wasserdampf zu Schnee verdichtet und vereinzelte kleine Flocken auf meinen Rock fallen, alle sechseckig und mit gefiederten Strahlen. Ei, beim Herakles, das ist ja ein Ding, kleiner als ein Tropfen, dazu von regelmäßiger Gestalt. Ei, das ist eine höchst erwünschte Neujahrsgabe für einen Freund des Nichts! Und auch passend als Geschenk eines Mathematikers, der Nichts hat und Nichts kriegt, so wie es da vom Himmel herabkommt und den Sternen ähnlich ist!«

Keplers Antwort auf die Frage nach der geheimnisvollen Symmetrie der Schneekristalle fiel jedoch unbefriedigend aus: Er fand zwar analoge Strukturen in der Gestalt von Honigwaben und Granatapfelherzen, doch als Erklärung hatte er nur ein »Formvermögen der Natur« anzubieten.

Auch ein anderer großer Denker, René Descartes, gelangte bei seinen flüchtigen Ausführungen zu der flüchtigen Erscheinung nicht weiter als bis zur Beobachtung, dass auch die Arme, die aus den Strahlen der Schneesterne herauswachsen, mit absoluter Regelmäßigkeit einen Winkel von 120 Grad bilden.

Zwischen ästhetischer Faszination und wissenschaftlichem Erkenntnisdrang bewegten sich schließlich die Arbeiten des ersten großen Schneeforschers William Bentley, Hobbyfotograf aus dem Städtchen Jericho im amerikanischen Bundesstaat Vermont: In vierzig Wintern bis zu seinem Tode im Jahr 1931 fotografierte der freundliche Sonderling über 6000 Schneekristalle. Ihm verdankt die Wissenschaft eine erste Übersicht über die vielfältigen Wachstumsmöglichkeiten der Schneekristalle, die Stadt Jericho eine Touristenattraktion und der staunende Laie die Erkenntnis, dass keine Schneeflocke der anderen gleicht. Doch das Geheimnis der sechs Ecken konnte auch Bentley nicht lüften.

Worüber man sich im Westen die Köpfe zerbrach, das bereitete den Gelehrten des alten China wenig Unruhe. Seit spätestens 135 v. Chr. wusste man dort von der sechseckigen Grundstruktur der Schneekristalle und akzeptierte sie gerne, so wie der Autor Tang Jing, der in seinem Buch *Aufzeichnungen meiner Tagträume* vermerkte: »Bereits die alten Gelehrten sagten, daß die Blüten von Pflanzen und Bäumen fünfeckig und die Schneekristalle sechseckig sind, denn dies ist die Zahl des Wassers, und wenn Wasser zu Blumen gerinnt, dann müssen diese sechseckig sein.«

Jenseits aller Zahlenmystik ist es tatsächlich so, dass die Struktur der Schneekristalle in einer Eigenschaft des Wassers begründet liegt: Wie man heute weiß, sind die beiden Wasserstoffatome des $H_2O$-Moleküls in einem Winkel von 120 Grad über dem größeren Sauerstoffatom angeordnet. Bilden sie bei der Kristallisation Brücken, entstehen zwangsläufig sechseckige Strukturen.

Eine Zeit, die die Geheimnisse der Natur so weit zu entschlüsseln weiß, muss sich neue Mythen schaffen. So wird kein Kommentator über den Schnee versäumen, Bentleys Erkenntnis von der Verschiedenheit aller Schneeflocken zu wiederholen – obwohl man dasselbe auch von allen anderen natürlichen Erscheinungen sagen könnte – es kommt nur darauf an, wie genau man hinsieht. Und auch die Behauptung, dass die Ureinwohner der Polargebiete bis zu vierzig Bezeichnungen für das sie umgebende Weiß kennen, entpuppt sich als Legende: Die Inuit haben hierfür lediglich zwei Wortstämme zu Verfügung: »qanik« für fallenden und »aput« für liegenden Schnee.

*Stanislawa
Belinskaja als
Klara und
Serge Legat
als Nussknacker-
prinz im 2. Akt
»Der Nuss-
knacker«, 1892*

Es bedarf da wohl schon eines außergewöhnlichen Schneesturms oder eines Lawinenunglücks, um dem modernen Menschen dauerhaftere Ehrfurcht vor den filigranen Sternen einzuflößen. Es sei denn, man verfügt über das feine Empfinden und die Reflexionskraft eines Thomas Mann, der seinen Helden Hans Castorp im berühmten Schneekapitel des *Zauberbergs* unvermittelt vor der kalten Pracht erschauern lässt:

»[...] es waren Myriaden im Erstarren zu ebenmäßiger Vielfalt kristallisch zusammengeschlossener Wasserteilchen, – Teilchen eben der anorganischen Substanz, die auch das Lebensplasma, den Pflanzen-, den Menschenleib quellen machte [...] eine endlose Erfindungslust in der Abwandlung und allerfeinsten Ausgestaltung eines und immer desselben Grundschemas, des gleichseitig-gleichwinkligen Sechsecks, herrschte da; aber in sich selbst war jedes der kalten Erzeugnisse von unbedingtem Ebenmaß und eisiger Regelmäßigkeit, ja, dies war das Unheimliche, Widerorganische und Lebensfeindliche daran; sie waren zu regelmäßig, die zum Leben geordnete Substanz war es niemals in diesem Grade, dem Leben schauderte vor der genauen Richtigkeit, es empfand sie als tödlich, als das Geheimnis des Todes selbst, und Hans Castorp glaubte zu verstehen, warum Tempelbaumeister der Vorzeit absichtlich und insgeheim kleine Abweichungen von der Symmetrie in ihren Säulenordnungen angebracht hatten.«

Derlei Reflexionen führen unsere Gedanken dann doch unversehens zurück zu Märchenwelten, in denen der Schnee seine ambivalente Natur plötzlich offenbart: zu den Reichen der Schneeköniginnen und Eisprinzessinnen. Ihrem Elemente gleich, sind die Fürstinnen dieser Regionen unnahbare Schönheiten. Ihre künstlichen Paläste darf der Mensch zwar bestaunen und begehren, doch wollte er hier verweilen, wäre es ihm bestimmt, selbst zu einer künstlichen Gestalt zu erstarren.

# Der Schlaf der Vernunft

Von Axel Witte

»Er war ein Zauberer, der Menschen in Bestien verwandelte und diese sogar in königlich preußische Hofräte; er konnte die Toten aus ihren Gräbern hervorrufen, aber das Leben selbst stieß ihn von sich ab als einen trüben Spuk. Das fühlte er; er fühlte, daß er selbst ein Gespenst geworden; die ganze Natur war ihm ein mißgeschliffener Spiegel, worin er tausendfach verzerrt, nur seine eigene Totenlarve erblickte [...]«, urteilte Heinrich Heine über seinen romantischen Dichterkollegen E. T. A. Hoffmann. Und Heines Charakterisierung gehörte noch zu den wohlwollenden unter denen, die dem Dichter schon zu Lebzeiten den wenig schmeichelhaften Namen »Gespenster-Hoffmann« eingetragen haben. Als Hegel seine Vorlesungen über die Ästhetik begann, konnte auch er sich einen Seitenhieb auf die neue Literaturmode und ihren herausragendsten Autor nicht verkneifen: »Vorzüglich ist jedoch in neuerster Zeit die innere haltlose Zerrissenheit, welche alle widrigsten Dissonanzen durchgeht, Mode geworden und hat einen Humor der Abscheulichkeit und der Fratzenhaftigkeit der Ironie zuwege gebracht, in der sich Theodor Hoffmann z. B. wohlgefiel.« Dass dieses Vorurteil – wie alle Vorurteile – ein wenig kurzsichtig ist, wird sich schnell zeigen lassen. Sind es nämlich nicht gerade die Phänomene auf dem Feld der Optik, die durch Hoffmanns unheimliche Erzählungen immer wieder ins Spiel gebracht werden? Regelmäßig treffen wir in diesen Geschichten auf Figuren, die sich auf ganz besondere

Weise darauf verstehen, sich einen Überblick, einen Durchblick und eine Perspektive zu verschaffen. Am berühmtesten in diesem Zusammenhang ist der unheimliche Herr Coppola aus Hoffmanns Erzählung *Der Sandmann* geworden, von der später in einem anderen Zusammenhang noch einmal die Rede sein soll. Dieser Coppola handelt mit Augengläsern und mit »Perspektiven« – so hießen zu Hoffmanns Zeiten kleinere Ferngläser, die man sich nach Größe und Leistung wohl etwa wie ein heutiges Opernglas vorzustellen hat. Aber natürlich gilt diese Bezeichnung auch im metaphorischen Sinne. Wenn Coppala dem Nathanael ein Perspektiv verkauft, so bietet er ihm auch eine andere Sicht der Dinge an.

In dieselbe Familie der optischen Geräte von der Machart des Perspektivs gehört auch das Kaleidoskop. Äußerlich wie ein Fernrohr gebaut, ist es mit Prismen und Spiegeln versehen, die uns zersprungene Bilder unserer nächsten Umgebung liefern. Das Kaleidoskop setzt die Welt neu, aber gleichzeitig in die eine oder andere Richtung verrückt zusammen. Lust, kindliches Vergnügen, aber mitunter auch tiefes Erschrecken sind die Resultate eines solchen Spiels mit verschiedenen Ansichten.

Auf einer etwas anderen Ebene gehört der Astronom, der zugleich immer Sternengucker und Wahrsager ist, zu den prägenden Figuren der unheimlichen Literatur. Er, der das Leben und die diesseitige Welt durchschaut und in seiner Gelehrsamkeit durchmessen hat, kennt die Vielheit des Universums, er hat Ahnungen von fernen Räumen und fremden Welten, er weiß, jedenfalls spätestens seit Einstein und seit Freud, dass Zeit und Raum auf vertrackte Art und Weise miteinander verschwistert sind und dass die Oberflächen dessen, was wir sehen, sagen und fühlen immer nur der verstellte Abglanz einer relativen Realität sind.

Bildet das Universum die eine Dimension, so ist das Kinderzimmer die andere, entgegengesetzte. Selbst Puppen, Nussknacker und Zinnsoldaten sind alles andere als unschuldiges Kinderspielzeug, sagt uns Hoffmann. In einem Fall können sie uns helfen, unser Glück zurückzubekommen, im andern, wie bei Olimpia, der Puppe aus dem *Sandmann*, die über eine perfekte Menschengestalt verfügt, stürzen sie uns in Abgründe.

Perspektiven, mehr oder weniger verzerrte Ansichten und abgelenkte Blicke sind das, was bei E. T. A. Hoffmann auf sicherste Weise die unheimlichen Effekte zum Vorschein kommen lässt. Fernrohre, Brillen, Augengläser, alles das, was den Menschen befähigen sollte, schärfer und genauer zu sehen, macht ihn in gewisser Weise gerade blind für das Naheliegende und das Vertraute. Und es ist gerade das Vertraute, das zu den Grundvoraussetzungen des Unheimlichen gehört.

Nicht mehr der Klassik zugehörig, im Kreise der romantischen Dichter nie ganz heimisch geworden, von der Moderne nur noch einen Zeitsprung entfernt, war E. T. A. Hoffmann einer der ersten Schriftsteller, der die innere Verfassung des deutschen Bürgertums vermessen und in Augenschein genommen hat. Eine ganze Anzahl seiner Geschichten, die heute das Etikett »unheimlich« tragen, schildern eine Welt, die das Zeitalter der Aufklärung in all seinen Facetten verinnerlicht hat. Man ist rationalistisch, man kennt sich in den Wissenschaften aus, man ist beruflich, gesellschaftlich, persönlich auf einer der oberen Sprossen der Karriereleiter angekommen. Und plötzlich bricht etwas Unvorhergesehenes, etwas Unheimliches, etwas zutiefst Angstmachendes aus dieser vertrauten Welt hervor. Denn der genauere Blick durch ein Perspektiv oder ein Monokel zeigt uns, dass die scheinbar rational erkannte, geordnete und gegliederte Welt sich knapp unter ihrer dünnen Oberfläche als geheimnisvoll, widersprüchlich und beängstigend erweist. Die Gesetze, die hier herrschen, sind jedenfalls nicht die der Vernunft. Auf diese Weise führt uns E. T. A. Hoffmann immer wieder vor Augen, wie im Alltag, im scheinbar wohl behüteten, alltäglichen Leben schon heimlich das Unheimliche sich eingenistet hat. *Der Schlaf der Vernunft gebiert Ungeheuer*, hat Hoffmanns Zeitgenosse Goya eines seiner berühmtesten Bilder untertitelt und damit als Maler einen Gedanken illustriert, den zu Beginn unseres Jahrhunderts Sigmund Freud als Vater der Psychoanalyse in ein theoretischeres Bild zu kleiden versuchte: »Das Unheimliche«, schreibt Freud, »sei jene Art des Schreckhaften, welche auf das Altbekannte, Längstvertraute zurückgeht.« Das Wort »unheimlich«, stellt Freud in diesem Zusammenhang fest, sei nämlich bedeutungsgeschichtlich kein einfacher Gegensatz zu »heimlich«, da dieses Wort von Anfang an eine grundlegende Ambivalenz in sich trägt: heimlich heißt Häusliches und Vertrautes auf der einen Seite, Verstecktes und Verborgenes auf der anderen.

Wenn an diesem Punkt die Rede erneut auf Sigmund Freud gekommen ist, so gibt es dafür mehrere Gründe. Zum einen hat er E. T. A. Hoffmanns Erzählung *Der Sandmann* zum Gegenstand seiner theoretischen Auseinandersetzung mit dem Unheimlichen gemacht. Zum anderen hat er sich auf der psychischen Ebene mit genau denselben inneren Phänomenen der frühbürgerlichen Existenz beschäftigt, die Hoffmann in seinen Geschichten aufblitzen läßt. Um Missverständnissen zu begegnen: Freud hat Hoffmann nicht gelesen, weil er sich für dessen Erzählungen begeistert hätte oder auch nur, weil er den Funktionsweisen der unheimlichen Literatur auf die Schliche kommen wollte. Freud hat Hoffmann gelesen und studiert, weil er sich ihn an einem bestimmten Punkt, in einem bestimmten Kontext, zu seinem Kronzeugen bei der Entwicklung der psychoanalytischen Theorie erwählt hat. Hoffmann ist in dieser Rolle kein Einzelfall. Die Äußerungen von Dichtern, Schriftstellern, Malern oder Bildhauern, von Künstlern allgemein, haben Freud immer wieder Anschauungsmaterial für seine wissenschaftliche Arbeit geliefert, speisen sie sich doch seiner Überzeugung nach zu einem Gutteil aus denselben Quellen des Unbewussten, die am anderen Ende der Skala für unsere Träume, Versprecher, Fehlleistungen verantwortlich sind. In diesem Zusammenhang war E. T. A. Hoffmanns Erzählung *Der Sandmann* für Freud allerdings ein Glücksfall. Im Kontext seiner ersten Theorie der Angst findet Freud bei Hoffmann wie an einer Perlenschnur aufgereiht alle Elemente, die ihm sein Denkmodell stützen: das Doppelgänger-Motiv, die Angst vor dem Verlust der Augen, die Freud mit der Kastrationsangst identifiziert, die Allmacht der Gedanken (zu der der Wunsch, zu fliegen, gehört), die einem kindlichen Weltbild entspricht. Die Musterung all dieser Elemente führte Freud zu der These, dass die Angst, die das Unheimliche bei uns hervorruft, durch die Wiederkehr des Verdrängten, also des schon Bekannten, ausgelöst wird.

Wenn wir wissen, dass die schreckliche Gestalt im dämmrigen Garten mit dem langen Mantel und dem schiefen Hut nur eine Vogelscheuche war, dann haben wir beim nächsten Mal schon keine Angst mehr. Nach dem gleichen Prinzip könnte man annehmen, dass heute, da auch Freuds Theorien schon zum längst Bekannten gehören, Hoffmanns Gespenster ihre Kraft verloren haben. Es könnte sein, dass Hoffmanns irrationale, undurchsichtige, ungeklärte und unerklärliche Geschichten spätestens seit Sigmund Freud in das Lager der Ratio, des Wissens und der Wissenschaften aufgenommen und dort wie ein Heer von Zinnsoldaten in einem Spielzeugregal stillgestellt worden wären. Wer das glaubt, der braucht nur eine von Hoffmanns Erzählungen zu lesen, und er wird bald mit Lust oder Schauder feststellen, dass das Irrationale, Befremdende, das Heimliche im Unheimlichen immer noch mit ungebrochener Kraft funktioniert.

*1840-1893*
Eine Chronologie

**1840** Peter Iljitsch Tschaikowsky wird am 7. Mai in Wotkinsk/Ural geboren. Seine Eltern sind der Bergwerksinspektor Ilja Petrowitsch Tschaikowsky und dessen zweite Frau Alexandra Andrejewna Assier, die französischer Herkunft ist.

**1842** Die Schwester Alexandra (Sascha) wird geboren.

**1844** Tschaikowsky wird von einer französischen Kinderfrau, Fanny Dürbach, unterrichtet, die bereits die Erziehung des älteren Bruders Nikolai und der Kusine Lydia übernommen hat.

Der Bruder Hippolyt wird geboren.

**1845** Tschaikowsky erhält Klavierunterricht bei Maria Palschikowa; ihr Niveau hat er jedoch bald überschritten.

**1848** Im Oktober zieht die Familie nach Moskau, einen Monat später nach St. Petersburg um, nachdem der Vater seine Stellung in Wotkinsk gekündigt hat. Tschaikowsky besucht die vornehme Schmelling-Schule und erhält für kurze Zeit Klavierunterricht bei einem Lehrer namens Filippow.

**1849** An Tschaikowsky zeigt sich eine außerordentliche Sensibilität; Überforderung in der Schule trägt außerdem zur Belastung des Jungen bei. Die Familie zieht nach Alapajewsk, wo der Vater eine neue Stellung gefunden hat.

*1850* Im September tritt Tschaikowsky in die Petersburger Rechtsschule ein. Seine Mutter begleitet ihn zunächst, kehrt dann aber nach Alapajewsk zurück. Jenen Tag bezeichnet Tschaikowsky später als »einen der schrecklichsten« in seinem Leben.

Die Zwillinge Anatol und Modest werden geboren.

*1852* Die Familie zieht nach Petersburg zurück, nachdem der Vater erneut seine Anstellung aufgegeben hat.

*1854* Die Mutter stirbt an der Cholera. Tschaikowsky beginnt, als Reaktion hierauf, ernsthaft zu komponieren, nachdem erste Kompositionsversuche schon weiter zurückliegen (die erste veröffentlichte Komposition wird die italienische Canzonetta *Mezza notte* sein).

*1855* Tschaikowsky erhält Klavierunterricht bei Rudolf Kündiger.

*1859* Tschaikowsky tritt als Verwaltungssekretär in das Justizministerium ein.

*1861* Von Juli bis September unternimmt Tschaikowsky eine Reise durch Deutschland, Belgien, nach Paris und London. Neben seiner Tätigkeit im Ministerium widmet er sich weiterhin der Musik: Er studiert Harmonielehre bei Nikolai Zaremba an der Petersburger Sektion der Russischen Musik-Gesellschaft (die 1862 in das neu gegründete Petersburger Konservatorium übergeht).

*1862* Tschaikowsky besucht die Kompositionsklasse (und später den Instrumentationsunterricht) des Konservatoriumsdirektors Anton Rubinstein.

*1863* Im Frühjahr kündigt Tschaikowsky seine Stellung im Ministerium, um sich ausschließlich dem Musik-studium zu widmen.

*1864* Im Sommer entsteht die Ouvertüre zu Alexander Ostrowskis Drama *Das Gewitter* op. 76.

*1865* Tschaikowsky dirigiert in einer Aufführung des Konservatoriumsorchesters seine *Ouvertüre in F-Dur*.

*1866* Als Abschlussarbeit für das Konservatorium hat Tschaikowsky die Kantate über Schillers Ode *An die Freude* komponiert (will sich aber der Publikumsreaktion nicht stellen und bleibt der Aufführung und den Abschlussfeierlichkeiten am 12. Januar fern).

Nach erfolgreichem Studienende siedelt Tschaikowsky nach Moskau über: Nikolai Rubinstein, der spätere Moskauer Konservatoriumsdirektor, stellt ihn als Professor für Harmonielehre am Institut der Russischen Musik-Gesellschaft (die Vorläuferinstitution des Moskauer Konservatoriums) ein.

Durch Rubinstein ermutigt, beginnt Tschaikowsky seine *1. Sinfonie* g-Moll, op. 13. Das mit größter Anstrengung vollendete Werk wird Anfang 1868 uraufgeführt.

*1867* Im Dezember begegnet Tschaikowsky Hector Berlioz, der in Moskau konzertiert. Auch der Komponist Milij Balakirew ist in Moskau.

*1868* Im Frühjahr Begegnung mit dem Balakirew-Kreis »das mächtige Häuflein« und seinem weiteren Umfeld in Petersburg: César Cui, Alexander Dargomischski, Nikolai Rimski-Korsakow und Wladimir Stassow. Zwar fühlt sich Tschaikowsky, ebenso wie sie, dem russischen Volkslied verbunden, doch sind für ihn auch Einflüsse westlicher Musik von großer Bedeutung.

Im Sommer ist er in Berlin und Paris. Im Dezember berichtet Tschaikowsky seinem Vater von seiner Absicht, die

Sängerin Désirée Artôt zu heiraten; diese geht jedoch einen Monat später die Ehe mit dem spanischen Bariton Mariano Padilla ein.

*1869* Nach der Uraufführung der Oper *Der Wojewode* am 11. Februar in Moskau vernichtet der mit seinem Werk unzufriedene Tschaikowsky das Manuskript.

Im März führt Balakirew die Sinfonische Fantasie *Fatum* op. 77 (1868) auf. Im Sommer Ferienaufenthalt in Kamenka bei Kiew, wo die Schwester Sascha mit ihrer Familie lebt.

Tschaikowsky begegnet Alexander Borodin und erneut Balakirew; Letzterer regt ihn zur Komposition der Ouvertüre *Romeo und Julia* an.

*1870* Die Petersburger Theaterdirektion lehnt die im Vorjahr entstandene Oper *Undine* ab, die unaufgeführt bleibt (und von Tschaikowsky vernichtet wird).

Im März führt Rubinstein *Romeo und Julia* auf.

Im Mai hält sich Tschaikowsky in Paris auf, anschließend in Deutschland und reist bei Kriegsausbruch in die Schweiz nach Interlaken. Dort arbeitet er *Romeo und Julia* nach Vorschlägen von Balakirew um. Im August Rückkehr nach Moskau über München und Wien.

*1871* Im März entsteht das *1. Streichquartett* D-Dur, op. 11. Begegnung mit Iwan Turgenjew.

*1872* Tschaikowsky schreibt Musikkritiken für den »Russkije Wedomosti« (bis 1876).

*1873* Im Februar kommt die im Vorjahr entstandene *2. Sinfonie* c-Moll, op. 17 zur Uraufführung.

Im März komponiert Tschaikowsky die Musik zu dem Märchenspiel *Schneeflöckchen* op. 12 (Uraufführung im Mai).

Während des Sommers unternimmt er eine Reise durch

Deutschland, die Schweiz und Italien. Im August Komposition der Sinfonischen Fantasie *Der Sturm* op. 18 (Uraufführung Ende des Jahres in Moskau.)

*1874* Das 2. *Streichquartett* F-Dur, op. 22 entsteht.

Die Oper *Der Opritschnik* (1870-72) wird im April in Petersburg uraufgeführt.

Tschaikowsky reist im Frühjahr nach Italien.

*1875* Hans von Bülow bringt im Oktober das *1. Klavierkonzert* op. 23 in Boston mit überwältigendem Erfolg zur Uraufführung.

Die im Sommer entstandene *3. Sinfonie* D-Dur, op. 29 wird im November in Moskau uraufgeführt. Im gleichen Monat begegnet Tschaikowsky Camille Saint-Saëns in Moskau.

*1876* Tschaikowsky hört mit seinem Bruder Modest in Paris Bizets Oper *Carmen*, die ihn sehr beeindruckt.

Im Februar schreibt er das 3. *Streichquartett* Es-Dur, op. 30.

Im August ist Tschaikowsky in Bayreuth, um die erste Aufführung von Wagners *Ring*-Tetralogie zu rezensieren; es kommt zur Begegnung mit Franz Liszt (jedoch nicht mit Richard Wagner).

Anfang Dezember gelangt die Oper *Wakula der Schmied* (1874) in Petersburg zur Uraufführung, Tschaikowskys preisgekrönte Wettbewerbskomposition. Begegnung mit Tolstoi.

Die wohlhabende Witwe und Bewunderin Tschaikowskys, Nadeschda von Meck, beginnt mit ihm einen Briefwechsel; ein freundschaftliches, enges Verhältnis entwickelt sich, jedoch kommt es nie zu einer persönlichen Begegnung.

*1877* Das Ballett *Schwanensee* (1875/76), ein Auftragswerk für die Moskauer Oper, kommt Anfang März zur Uraufführung, ebenso die im Vorjahr komponierte Sinfonische Fantasie *Francesca da Rimini* op. 32.

Am 18. Juli heiratet Tschaikowsky, seine Homosexualität leugnend, Antonina Miljukowa, flieht jedoch schon nach drei Wochen vor dieser Beziehung nach Kamenka. Misslungener Selbstmordversuch; Anfang Oktober Nervenzusammenbruch in Petersburg. Erst 1881 kann er sich von seiner Frau, die nicht in die Scheidung einwilligen will, offiziell trennen. Reise in die Schweiz, nach Paris und Italien.

Nadeschda von Meck bietet ihm eine jährliche Rente von 6000 Rubel an. Tschaikowsky hält sich in Wien auf.

Die *Rokoko-Variationen* für Violoncello und Orchester op. 33 aus dem Vorjahr werden Ende November uraufgeführt.

*1878* Anfang des Jahres kann Tschaikowsky die 1877 begonnene *4. Sinfonie* f-Moll, op. 36 abschließen, die gleich im Februar uraufgeführt wird. Über San Remo reist er nach Florenz. Im März beginnt er die *Klaviersonate* G-Dur, op. 37.

Im April ist Tschaikowsky während der Ferien in Kamenka.

Im September kehrt er nach Moskau zurück und gibt seine Position am Konservatorium auf. Im November reist er wieder nach Florenz.

*1879* Im März zurück in Russland. Die Oper *Eugen Onegin* (1877/78) wird in einer Inszenierung des Moskauer Konservatoriums uraufgeführt.

Die neue *1. Orchestersuite* op. 43 kommt im November zur Uraufführung. Tschaikowsky reist wieder nach Westeuropa.

*1880* Beginn der Komposition des *Capriccio italien* op. 45 in Rom (Uraufführung im Dezember in Moskau).

Am 21. Januar stirbt der Vater.

Zweite und letzte Revision von *Romeo und Julia*.

*1881* Ende Februar findet die Moskauer Uraufführung der Oper *Die Jungfrau von Orleans* (1878/79) statt.

Tschaikowsky hält sich in Kamenka auf.

Anfang Dezember wird das *Violinkonzert* D-Dur, op. 35 (1878) in Wien uraufgeführt.

In Rom, wo es zu einer zweiten Begegnung mit Liszt kommt, beginnt Tschaikowsky sein *Klaviertrio* op. 50, *Dem Andenken eines großen Künstlers* (für den im März gestorbenen Nikolai Rubinstein, dessen Nachfolger am Moskauer Konservatorium zu werden Tschaikowsky ablehnt).

*1882* Ende Januar Uraufführung der *Streicherserenade* op. 48 (1880), Ende Mai des 2. *Klavierkonzerts* G-Dur, op. 44 (1879/80), im August der *Ouvertüre 1812* op. 49 (1880).

*1883* Tschaikowsky hält sich in der ersten Jahreshälfte in Berlin und Paris auf. Ab Juli zurück in Russland, beginnt er die 2. *Orchestersuite* op. 53 (Uraufführung im Februar folgenden Jahres).

*1884* Die Oper *Mazeppa* (1881-83) läuft im Februar in Moskau und Petersburg in zwei konkurrierenden Inszenierungen (als Folge der Begeisterung des Zaren für Tschaikowsky). Ab Mitte Februar ist er wieder im Westen (Paris). Im März verleiht ihm der Zar den St.-Wladimir-Orden. Er wird zum Leiter des Moskauer Zweigs der Russischen Musik-Gesellschaft gewählt.

*1885* Im Januar Uraufführung der 3. *Orchestersuite* op. 55 aus dem Vorjahr.

Im Februar mietet Tschaikowsky ein Haus außerhalb Moskaus, in Maidanowo.

*1886* Im März kommt in Moskau die von Balakirew angeregte *Manfred*-Sinfonie op. 58 (1885) zur Uraufführung.

Im Mai in Paris begegnet Tschaikowsky den Komponisten Léo Delibes, Gabriel Fauré, Édouard Lalo, Ambroise Thomas und der Sängerin Pauline Viardot-Garcia.

*1887* Die Oper *Tscherewitschki* (der 1885 umgearbeitete *Wakula der Schmied*) wird Ende Januar in Moskau unter Tschaikowskys eigener Leitung uraufgeführt.

Im Sommer entsteht *Mozartiana* op. 61 als 4. *Orchestersuite* (Uraufführung Ende November).

Die Petersburger Uraufführung der Oper *Die Zauberin* (1885-87) am 1. November wird zum Misserfolg.

*1888* Tschaikowsky unternimmt zum ersten Mal eine Tournee als Dirigent: In Leipzig, wo er das Gewandhausorchester leitet, begegnet er Brahms, Grieg und der englischen Komponistin Ethel Smyth. Im Februar gibt er Konzerte in Hamburg, Berlin und Prag, begegnet Dvořák sowie in Paris Charles Gounod und Jules Massenet. Im März konzertiert er in London. Nach der Rückkehr im April zieht Tschaikowsky in ein Haus in Frolowskoje bei Klin und komponiert im Sommer die 5. *Sinfonie* e-Moll, op. 64, anschließend die Fantasie-Ouvertüre *Hamlet* op. 67 (beide Werke werden im November in Petersburg uraufgeführt). Im November dirigiert Tschaikowsky in Prag *Eugen Onegin*.

*1889* Im Februar/März unternimmt Tschaikowsky die zweite Tournee: Köln, Frankfurt, Dresden, Berlin, Genf und Hamburg. In Hamburg kommt es zu einer zweiten

Begegnung mit Brahms. Letzte Tourneestationen sind Paris und London.

*1890* Mitte Januar wird das Ballett *Dornröschen* (1888/89) in Petersburg uraufgeführt.

Tschaikowsky skizziert in Florenz die Oper *Pique Dame* innerhalb sechs Wochen (die Uraufführung am 19. Dezember gestaltet sich für ihn zum Triumph).

Ab Juni – wieder zurück in Russland – entsteht das Streichsextett *Souvenir de Florence* op. 70.

Im Oktober kündigt Nadeschda von Meck Tschaikowsky das jährliche Salär, da sie sich bankrott glaubt, und beendet auch den Briefwechsel. Tschaikowsky ist hierüber bestürzt; zumindest finanziell ist er aber abgesichert: Er erhält, neben den Tantiemeneinnahmen als Komponist, seit 1888 eine Pension von 3000 Rubel pro Jahr von Zar Alexander III.

*1891* Die Schauspielmusik zu *Hamlet* op. 67a kommt gleich nach ihrer Entstehung im Februar zur Aufführung.

Tschaikowsky schreibt an dem Ballett *Der Nussknacker* op. 71 und (ab Juli) an dem Opern-Einakter *Jolanthe* op. 69, beides Auftragswerke der Petersburger Oper.

In Paris, auf dem Weg zur Einschiffung zu seiner Amerika-Konzertreise, erfährt Tschaikowsky aus der Zeitung vom Tod der geliebten Schwester Sascha. Ab Ende April dirigiert er in New York, Baltimore und Philadelphia erfolgreich seine Werke.

Anfang Juni ist er zurück in Russland, zieht wieder in das Haus in Maidanowo und arbeitet am *Nussknacker* weiter, bald darauf auch an *Jolanthe*.

Im November kommt die kürzlich beendete Sinfonische Ballade *Der Wojewode* op. 78 in Moskau zur Uraufführung; Tschaikowsky lehnt das Werk ab und vernichtet die Partitur (später rekonstruiert nach dem erhaltenen Stimmenmaterial).

*1892* Nach einem Konzert in Warschau reist Tschaikowsky zur Aufführung des *Eugen Onegin* nach Hamburg, wo Gustav Mahler sein Werk dirigiert.

Von Paris aus zurück nach Russland.

Vor Abschluss der Gesamtpartitur instrumentiert Tschaikowsky einzelne Nummern aus *Der Nussknacker* und stellt sie zur *Nussknacker-Suite* op. 71a zusammen; die Uraufführung am 19. März ist ein außerordentlicher Erfolg.

Im Sommer schreibt Tschaikowsky in Klin, seinem letzten Wohnort, an einer *Sinfonie in Es-Dur*. Da er mit dem begonnenen Werk unzufrieden ist, verarbeitet er das musikalische Material im *3. Klavierkonzert*.

Am 18. Dezember haben *Jolanthe* und *Der Nussknacker* in Petersburg eine nur mäßig erfolgreiche Premiere.

Tschaikowsky wird Korrespondierendes Mitglied der Académie Française.

Er begegnet seinem ehemaligen Kindermädchen Fanny Dürbach wieder.

*1893* Am 14. Januar dirigiert Tschaikowsky ein Konzert in Brüssel; nach weiteren Konzerten in Odessa und Moskau ist er im Februar wieder in Klin. Er arbeitet an der *6. Sinfonie* h-Moll, op. 74 (*Pathétique*), die im April fertig skizziert vorliegt.

Im Mai reist er für ein Konzert nach London, wo er erneut mit Camille Saint-Saëns zusammentrifft, und erhält anschließend in Cambridge die Ehrendoktorwürde der Universität.

Am 28. Oktober dirigiert Tschaikowsky in Petersburg die Uraufführung seiner *6. Sinfonie*.

Am 6. November stirbt Peter Tschaikowsky unter ungeklärten Umständen in Petersburg. Mit höchster Wahrscheinlichkeit war die Cholera die Todesursache, nachdem Tschaikowsky nicht abgekochtes Wasser getrunken hatte. Die in den letzten Jahren verbreitete These, er sei von einem »Ehrengericht« zum Selbstmord gezwungen worden, nachdem ein Verhältnis zu einem Mitglied der russischen Aristokratie aufgedeckt worden war, lässt sich wohl nicht aufrechterhalten.

# Kurzbiographien

**Patrice Bart** (Choreographie und Inszenierung), geboren in Paris, studierte an der Schule der Opéra de Paris, trat in deren Compagnie ein und avancierte 1972 zum Danseur étoile. Regelmäßiger Gast als Étoile beim London Festival Ballet. Tanzte auf den bedeutendsten internationalen Bühnen, z. B. in Japan, Australien, Kanada, in den USA und in China. Maître de Ballet an der Pariser Oper, übernahm dort die Stelle des Kodirektors; seit 1990 Stellvertretender Ballettdirektor. 1993 choreographierte er an der Staatsoper Unter den Linden *Don Quixote*. Es folgten seine Versionen von *Giselle* an der Mailänder Scala und *Coppélia* an der Pariser Oper. Aufgrund seiner erfolgreichen *Don-Quixote*-Inszenierung an der Lindenoper wurde er vom Intendanten und Ballettdirektor Georg Quander berufen, einen neuen *Schwanensee* (1997) für Berlin zu inszenieren. Im Sommer 1999 kam sein Ballett *Verdiana* an der Staatsoper zur Uraufführung. *Der Nussknacker* ist nun das vierte Werk des französischen Choreographen für das Ballett der Staatsoper Unter den Linden.

*Luisa Spinatelli* (Bühne und Kostüme), geboren in Mailand, schloss ihr Bühnenbildstudium bei Tito Varisco an der Accademia di Belle Arti di Brera ab, wo sie zurzeit unterrichtet. Sie schuf ihr erstes Bühnenbild 1965 für das Ballett *Francesca da Rimini* (Tschaikowsky/Pistoni) an der Mailänder Scala.

Neben zahlreichen Bühnenbildern und Kostümen für Schauspiel und Oper umfassen ihre wichtigsten Arbeiten für das Ballett: *Der Nussknacker* für die Arena di Verona (Fracci); *Schwanensee* für die Arena di Verona (Rodrigues); *Romeo und Julia* für Turin (Fascilla); *Giselle* für das Teatro alla Scala (Bortoluzzi); *Ma Pavlova* für Marseille (Petit); *La Fille mal gardée* (Spoerli); *La Sylphide* für das Teatro alla Scala (Flindt); *Dornröschen* für Marseille (Petit); *Coppélia* für das Aterballetto Reggio Emilia (Amodio). An der Staatsoper Unter den Linden entwarf sie bereits die Kostüme für das Ballett *Dix oder Eros und Tod* von Roland Petit. Nach der Gesamtausstattung für *Schwanensee* (Dezember 1997) kreiert Luisa Spinatelli nun erneut Bühnen- und Kostümentwürfe für Patrice Bart an der Staatsoper Unter den Linden.

# Die Autoren

*Prof. Dr. Dr. h. c. Manfred Bachmann,* Direktor des Museums für Volkskunst Dresden, bis zur Pensionierung 1989 Generaldirektor der Staatlichen Kunstsammlung Dresden. Autor zahlreicher volkskundlicher Werke.

*Dr. Jan Böcker,* Studium der Musikwissenschaft, Deutschen Philologie und Philosophie in Münster, Promotion 1995, von 1995 bis 1998 an der Hochschule für Musik »Hanns Eisler« Berlin tätig. Lebt als freier Autor in Berlin.

*Annegret Gertz* M. A. ist Absolventin der Theaterhochschule »Hans Otto« Leipzig und studierte Theaterwissenschaft, Tanzwissenschaft und Musiktheaterwissenschaft.

*Adi Luick* M. A. ist Assistent der Ballettleitung an der Staatsoper Unter den Linden. Er studierte Musikwissenschaft und Kunstgeschichte in Tübingen.

*Dr. Tilmann Moser* studierte Philologie, Politik und Soziologie in Tübingen, Paris, Frankfurt am Main und Gießen; Ausbildung zum Psychoanalytiker am Sigmund-Freud-Institut in Frankfurt; Dozent für Psychoanalyse und Kriminologie am Fachbereich Rechtswissenschaft in Frankfurt. Seit 1979 als Psychoanalytiker und Therapeut in Freiburg im Breisgau tätig.

*Carsten Niemann* M. A. studierte Musikwissenschaft, Deutsche Literatur und Publizistik in Kiel, London und Berlin. Er lebt als freier Autor in Berlin.

*Dr. Christiane Theobald* ist Ballettbetriebsdirektorin und Ballettdramaturgin an der Staatsoper Unter den Linden.

*Axel Witte* M. A., Studium der Allgemeinen und Vergleichenden Literaturwissenschaft in Berlin. Als freier Autor und Drehbuchautor tätig.

*Textnachweise:* Alle Texte sind Originalbeiträge
für dieses Buch.

*Bildnachweise:* Kostümentwürfe von Luisa Spinatelli für
den *Nussknacker* an der Staatsoper Unter den Linden,
1999: 12, 16, 17, 20, 21, 24, 25, 28, 29, 32
Gert Weigelt, Fotografie zur *Nussknacker*-Inszenierung
der Staatsoper Unter den Linden, 1999: Umschlag
Privatarchiv Manfred Bachmann: 41, 44 (Soldat mit
Pickelhaube und König in blauer Jacke: Werkstatt Ender,
Borstendorf; König links: Werkstatt Füchtner, Seiffen;
König mit blauer Krone: Werkstatt Tränkner,
Neuwernsdorf), 48
Alle anderen Abbildungen stammen aus dem Archiv der
Staatsoper Unter den Linden Berlin und dem Bildarchiv
des Insel Verlages.

# Kunst und Musik
## im insel taschenbuch

# Kunst und Musik
## im insel taschenbuch